国家出版基金项目
NATIONAL PUBLICATION FOUNDATION

"十二五"国家重点图书出版规划项目

兰州大学"985工程"敦煌学哲学社会科学创新基地资助

敦煌讲座书系

赵丰 王乐 著

敦煌丝绸

读者出版传媒股份有限公司
甘肃教育出版社

图书在版编目（CIP）数据

敦煌丝绸 / 赵丰，王乐著. -- 兰州 ：甘肃教育出版社，2011.1
(敦煌讲座书系)
ISBN 978-7-5423-2368-2

Ⅰ. ①敦… Ⅱ. ①赵… ②王… Ⅲ. ①敦煌(历史地名)-古丝绸-研究 Ⅳ. ①K876.94

中国版本图书馆CIP数据核字(2010)第235071号

出 版 人：吉西平
策　　划：王光辉　薛英昭
项目负责：秦才郎加　王露莹
责任编辑：秦才郎加　李慧娟
封面设计：徐晋林
版式设计：赵　鹏

敦煌丝绸

赵丰　王乐　著
甘肃教育出版社出版发行
（730030　兰州市读者大道 568 号）
www.gseph.com　0931-8773255
兰州新华印刷厂印刷
开本 787 毫米×1092 毫米　1/16　印张 15.75　插页 4　字数 210 千
2013 年 12 月第 1 版　2013 年 12 月第 1 次印刷
印数：1~2 000

ISBN 978-7-5423-2368-2　　定价：30.00 元

总 序

位于河西走廊西端的敦煌，曾经是游牧民族驰骋的舞台，也是中原王朝的边镇和经营西域的基地，更是东西文化交往的丝路重镇，蕴涵着多元文化。公元4世纪开始开凿的敦煌莫高窟，迄今仍保留着大量的洞窟、塑像、壁画，而在莫高窟第17窟藏经洞发现的大量写本和绘画等，数以万计，内容丰富多彩。

敦煌石窟的美术作品和藏经洞的各种语言文字的文献，构成了百年来敦煌学研究的基本资料，加上周边石窟、简牍、墓葬出土文物，敦煌学研究的内涵并非仅仅限于敦煌。敦煌学研究的范围，涉及宗教、思想、历史、考古、语言、文学、美术、科技等等许多学科，利用敦煌保存的材料，学者们对于这些学科的研究构成了现代学术的一个新兴的分支学科——“敦煌学”。

20世纪二三十年代，中国学界有的学者把敦煌学看作是一部伤心史，陈寅恪先生虽然不太赞同这种说法，但也指出当时中国研究敦煌学者不过三数人而已，且“罕具通识”。历史的车轮转到21世纪初，中国敦煌学已经有了长足的进步，成果涉及多个领域，可谓蔚为大观。

然而，敦煌学越是深入发展，也有着题目越来越小、视野越来越窄的倾向。敦煌学的成果越来越多，有自己的刊物和专题会议，与学界其他领域的沟通因此受到一定程度的影响，外界面对如此庞大的敦煌学研究成果，即使想略知一二，也不知从何下手。这样的倾向其实严重影响着敦煌学的发展和进步。

在21世纪，敦煌学的发展不仅仅要追求新材料，还要向其他学科学习，进一步更新方法，思考新问题。

我们发起编纂《敦煌讲座》书系，就是希望利用集体的力量，来撰写一套敦煌学各个分支领域的通论性著作，体现百年来国内外敦煌学各个学科的研究成果，代表中国敦煌学研究的整体水平。这套书的作者队伍以中青年敦煌学研究者为主，希望新人写新书，把相关领域的敦煌学研究水平系统地呈现出来。每本著作既是作者对某一领域研究的代表作，又是能够让敦煌学领域外的人阅读、参考的读物，可以引导读者进入敦煌学的相关领域。

日本学者在20世纪80年代曾出版过9本一套的《讲座敦煌》丛书，主要以不同类别的文献为基础，对敦煌学的材料做了通论性的阐述。现在30年过去了，各国收藏的敦煌文献资料基本上刊布于世，敦煌石窟的图像资料也比较容易见到了。因此，我们编纂的《敦煌讲座》书系，力图区别于传统的敦煌文献研究，希望以跨学科的研究方法，从文献到历史，从文献到艺术，从文献到各个领域，把敦煌文献与历史、艺术等学科中的某个专题结合，把敦煌学的基础知识用新的方法、新的脉络串联起来，用新的视角来阐述敦煌学的各个方面。

敦煌学博大精深，在某些方面我们做得还远远不够，《敦煌讲座》书系可以说是我们努力的一个阶段性成果，我们期待今后敦煌学的新人谱写更加美好的篇章。

《敦煌讲座》书系编委会

（荣新江执笔）

2013年9月30日

目 录

序

敦煌之大，包罗万象，这使得丝绸之路上的每一位行人、僧人及学者，一旦路过敦煌，都会驻足关注，虽然他们的角度可能并不完全相同。我生长在丝绸之府的浙江，来到敦煌，我更多关注的则是在敦煌发现的古代丝绸，并由此与敦煌丝绸结下了将近30年的缘分。

第一次来到敦煌是在1985年的夏天。那时，我刚刚研究生毕业，便只身万里西行。先到了乌鲁木齐，刚好遇上首届中国敦煌吐鲁番学会学术研讨会的召开，见识到了敦煌在隋唐历史和中外交流史上的重要地位；然后就从乌鲁木齐开始，一站站地返回杭州。首先是坐火车到柳园，再是坐汽车到敦煌。炎炎烈日之下穿过戈壁沙滩，一次次看到远方的树林和湖景却又一次次地在慢慢接近之后消失，最后我终于来到了神往已久的敦煌。

当然，在敦煌莫高窟看的主要是洞窟。我持着樊锦诗院长的特批函，并在王进玉兄的陪伴下，花了三天时间看了五十个左右的洞窟，各个年代，不同风格。当时，我用了十分简易的方法临摹了壁画上大量的服饰图案。虽然用临摹来研究敦煌服饰图案始于常沙娜老师和她当年的同事黄能馥和李绵璐先生，后来，苏州丝绸工学院的诸葛铠先生也出版过敦煌服饰图案方面的资料，但我自己用圆珠笔进行速写却使我对敦煌壁画中的丝绸图案有了初步的了解。现在回头来看，当时的速写依然非常亲切，这些临摹对我日后的研究工作也极有好处。回来之后，我就写了一篇关于敦煌壁画中丝绸图案的研究小文——《敦煌所见隋唐丝绸中的花鸟图案》，后来此文收录于《敦煌吐鲁番研究论文集》（汉语大词典出版社，1990年）。

我第一次真正见到敦煌丝绸是在1998年。那年我在纽约大都会博物馆做访问学者，同时正在筹划对欧洲的中世纪丝绸进行游学调查，散藏于世界各地的中国丝绸自然在我的寻访范围之内。此年7月，我先到巴黎，在著名的中国纺织史研究者里布夫人（Krishna Riboud）家中落脚，她出面安排我在吉美博物馆观摩伯希和收集的敦煌丝绸。记得当时我的兴趣主要在中亚织锦一类。在这里，我不仅看到了几件敦煌发现的中亚织物，同时也看到了传说是伯希和从新疆克孜尔一带获得的锦袋。

在大英博物馆观摩斯坦因收集的敦煌丝绸已是在我欧洲游学的后期，我当时落脚在著名敦煌学者韦陀（Roderick Whitfield）的儿子家中，他家就在大英博物馆附近。应该是在9月的某天早上，我在大英博物馆见到约好的麦嘉乐（Carol Michaelson）女士，她把我带到他们的阅览室，为我展示了五六件敦煌丝绸，其中也以中亚织锦为主。这一次的观摩给我的印象更深。

我真正开始从事敦煌丝绸的系统研究，也还是从大英博物馆开始的。2004年5月，麦嘉乐到访杭州，参观了我们丝绸博物馆，谈到美国Melon基金会资助的国际敦煌项目（International Dunhuang Project），并邀请我去大英博物馆整理斯坦因在中国西北所获的纺织品文物。这样，我最终在2006年4月成行，开始我在大英博物馆为期半年的客座研究，专门整理斯坦因所获纺织品。5月在与麦嘉乐探讨之后，我又形成了对所有敦煌丝绸进行系统研究的构想，计划出版多卷本《敦煌丝绸艺术全集》。后来我又正式邀请了大英博物馆的汪海岚（Helen Wang）、维多利亚阿伯特博物馆的白海伦（Helen Persson）和英国国家图书馆的吴芳思

(Frances Wood) 合作，把维多利亚阿伯特博物馆和英国国家图书馆所藏的敦煌纺织品也一并纳入，首先出版了《敦煌丝绸艺术全集》的英藏卷。

《敦煌丝绸艺术全集》计划囊括世界上所有的敦煌纺织品（不包括以纺织品作为底料的绘画作品）。由于早年莫高窟藏经洞发现的敦煌丝绸散藏于英国、法国、俄罗斯、印度、日本等国，敦煌研究院也曾在敦煌莫高窟考古和保护的过程中发现了一批丝绸与纺织品，因此，这个项目就必须与这些相关国家和机构进行合作。当然，这个项目是一个研究与出版项目，其主要资助者和操作者是东华大学和中国丝绸博物馆的团队，所以，东华大学和中国丝绸博物馆在人力和财力上都给予了巨大的支持。到2013年为止，《敦煌丝绸艺术全集》中的英藏卷（中、英文版）、法藏卷（中、英、法文版）已经正式出版，俄藏卷也将要出版，中国部分的整理和研究工作已经开始，但难度较大的是印藏和日藏部分。

在整理和研究敦煌丝绸资料的同时，我们又承担了国家社科基金项目——“敦煌丝绸与丝绸之路——历史、技术和艺术的综合研究”。在这个研究项目中，我们以敦煌出土的丝绸文物为主要研究对象，同时结合敦煌壁画和敦煌文献，对敦煌丝绸从技术、艺术和历史等各方面进行了综合的研究，特别是把敦煌丝绸放在丝绸之路以及东西方纺织技术、纺织艺术和纺织文化交流的大背景下来进行研究，最后于2007年完成了此课题，此后又出版了《敦煌丝绸与丝绸之路》一书（中华书局，2009年）。这次的《敦煌讲座》书系中的《敦煌丝绸》，其中的实物资料虽然来自散藏于世界各地的博物馆和研究机构，但其写作框架和写作内容主要还是来自于这一课题。

敦煌丝绸研究至今，领域已经开辟，耕耘者也日益增多，中国敦煌吐鲁番学会下成立了染织服饰专业委员会，相关工作也在积极开展中。我曾在一篇关于敦煌丝绸研究的综述性文章中用了这样的标题：“辟一地栽桑植麻，为敦煌锦上添花”。我们期待通过在敦煌学领域的栽桑植麻，最后能开辟出一个丝绸之府、纺织之乡，培养出一批蚕娘织工，把敦煌学这块美锦，编织得更加绚烂夺目。这也是我们撰写《敦煌丝绸》这本书的目的所在。

赵　丰

第一章

敦煌丝绸概论

敦煌位于甘肃省河西走廊的最西端，是进入新疆、通往西域的必经之处。《隋书·裴矩传》引《西域图记·序》指出了敦煌在丝绸之路上的重要地位：“发自敦煌，至于西海，凡为三道，各有襟带……故知伊吾、高昌、鄯善，并西域之门户也，总凑敦煌，是其咽喉之地。”①

敦煌的莫高窟又名“千佛洞”，始凿于前秦建元二年(366)，既是敦煌历史和文化的象征，也是敦煌文物的主要收藏地。在这些文物之中，就包括大量丝绸材质的物品。

1900年6月22日，从湖北流落到敦煌莫高窟的道士王圆箓雇了几个伙计在清扫莫高窟第16窟入口处堆积的流沙时，意外地发现甬道北壁壁画后有一个密室。王道士与伙计们连夜击墙入室，发现这个洞窟“约丈余大，有白布包等无数，充塞其中，装置极整齐，每一白布包裹经十卷。复有佛帧绣像等则平铺于白布包之下”②，这个洞窟就是被后人称之为“藏经洞”的莫高窟第17窟。洞中除发现大量纸质文书外，还有不少丝织品，包括幡、伞盖、经帙、经袱、佛像以及各种残片。

王圆箓的发现打开了敦煌莫高窟文物的大门。由此之后，西方的探险家、中国的艺术家和考古学家纷至沓来，对敦煌莫高窟所保存下来的文献和艺术品进行了全面的、综合的研究，取得了丰硕的成果，敦煌丝绸则是其中一个非常重要的方面。

---

①（唐）魏征等《隋书》卷六七《裴矩传》，中华书局，1973年，第1579页。（注：本书仅在第一次注释时才详标作者、书名等出版信息，以后引用相同文献时均略写出版信息。）

② 谢稚柳《敦煌石室记》，1949年，第3页。

第一节

敦煌丝绸的种类

敦煌宝库留存的历史信息十分丰富，其中也保存了大量古代丝绸的实物、文献和图像资料，可供我们对敦煌丝绸进行全面的研究。但在这三种资料之中，莫高窟发现的丝绸实物是最为重要的基础，同时，藏经洞发现的敦煌文献中有许多相关记载，莫高窟壁画中也有大量的描绘。因此，我们可以充分地利用这三种资料通过文献考证、图像比较、分类统计、技术复原等方法，来还原在莫高窟开凿之后到元代几近废弃这一千年间的敦煌丝绸的种类、工艺及其贸易等各方面的细节，为丝绸之路上的丝绸研究提供一些丰富的实例。

不过，当我们关注敦煌丝绸时，其实我们的范围并不是绝对的。一般来说，敦煌丝绸的概念是指在敦煌莫高窟发现的或是所记载、所反映的所有以丝绸为材质的物品，它们的种类可以进行如下分类，但并不是所有丝绸材质的物品都在本书的讨论范围之内。

一、以丝绸为材质的佛教用品

敦煌发现的纺织品数量大、种类多，它们大部分与佛教有关，尤其是藏经洞发现的丝绸制品，多为供养菩萨、庄严道场的法器，包括佛教题材的绢画和刺绣、作为佛教供养用具的幡及幡画、包裹经卷的经帙经袱以及大量的织物残片。按照形制来分，这些织物又主要可分为幡、伞盖、经帙、绣像、百衲等法器和佛教用具。

藏经洞所出丝织品中，幡及幡残片的数量众多。莫高窟共发现唐代的幡及幡残片 360 件左右，其中约 40 件保存较完整。敦煌发现的幡类似人形，其制作材料主要为纺织品，且大多数为丝织品。这些幡在发现的时候多是裹在包裹或写卷中，一些窄的幡还被整齐地卷起，所以织物保存完好，能轻松打开[①]。从敦煌文献中的记载来看，敦煌的幡多为寺院的常住什物。除了作为佛教法器使用外，还有相当一部分是发愿幡或供养幡，一般作为供品由虔诚的供奉者供献给佛以示其敬意。藏经洞出过一件黄地团窠盘鹤夹缬绢幡（L：S.621），此幡幡身底部有 3 行横向于阗文墨书，内容为祈祷佛祖保佑供奉者远离麻烦，并帮助实现其愿望（图 1–1）[②]。敦煌研究院也收藏有两件类似的发愿幡，均发现于莫高窟第 130 窟内。其中一件（K130：3）幡身第一段有墨书发愿文 6 行 38 个字，所记时间为“开元十三年（725）七月十四日”，由此可推断，该幡制作于盛唐时期。

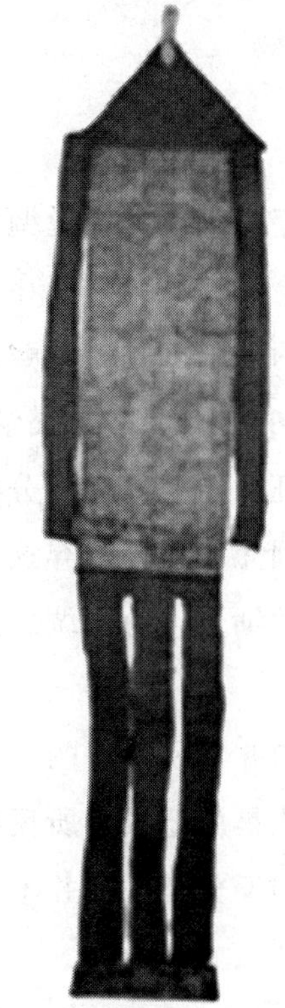

图 1–1 黄地团窠盘鹤夹缬绢幡

同幡一样，伞也是敦煌寺院重要的佛教用品。伞又称盖，或称伞盖，在佛教中常用于佛、菩萨等的头顶，以示尊崇。虽然幡、伞在敦煌文书中出现的频率都很高，

① Aurel Stein，*Serindia*，Oxford：Clarendon Press，1921，Vol.2，p.831.

② 赵丰主编《敦煌丝绸艺术全集·英藏卷》，东华大学出版社，2007 年，第 68 页。

但相对于幡来说，敦煌发现的伞盖数量要少得多，形制也比较单一，且大多尺寸很小，制作粗糙，可能只是一种象征性的伞盖。

敦煌莫高窟还发现过一些绣像及其残片，它们应该也都是礼佛供养之物，绣像的题材主要有佛祖、菩萨和供养人等。其中有三件绣像保存比较完整：一件是北魏时期的刺绣（K125:1），上面绣有佛说法图、供养人和发愿文；另一件是刺绣《灵鹫山释迦牟尼说法图》（MAS.1129），表现的是佛祖释迦牟尼在灵鹫山的山顶对菩萨及众生说法的场景；第三件刺绣佛像（Ch.00100）上绣有高约10cm、姿势相同的坐佛70多尊，身披红色、橙色或褐色袈裟，绣像右边还残存有7身供养人像。

经帙、包裹经卷的包袱布、经卷封面、经卷系带也是敦煌丝织品中的大类。藏经洞中共发现完整的丝质经帙7件，较完整的竹编经帙4件，更多的则是包裹经卷的包袱布以及纸制卷轴卷首中间所穿的缠裹经卷的系带。其中收藏于法国吉美博物馆（Musée Guimet）的团窠尖瓣对狮纹锦缘经帙（EO.1199）与现藏于大英博物馆（British Museum）的一件编号为MAS.858的经帙，它们的形制和面料都一致（图1–2）。

图1–2　EO.1199团窠尖瓣对狮纹锦缘经帙

二、以丝绸为材质的日常用品

以丝绸为材质的日常用品最主要的就是服饰，包括衣、裤、鞋、袜、帽子、手巾以及帔帛等，其他的还包括被、褥等。

莫高窟南区的洞窟中大多有壁画和塑像，这里是石窟寺的礼佛区，故南区发现的丝织品多是供养礼佛之物，未见日常用品。莫高窟北区是生活区，石窟则多为僧房窟、禅窟、瘗窟、廪窟，仅有7个窟是礼佛窟，其中发现过不少丝绸残片和实物，但多数已残。

莫高窟北区第228窟是一个瘗窟，开凿于隋末唐初，窟内发现了人骨、随葬品以及一件河西大凉国安乐三年（619）的随葬衣物疏，上面记录的服饰有衫、裈、靴等，其他的还有被和5匹帛练。窟中出土的纺织品实物不多，且与衣物疏中的记载无法对应。出土的丝织品共3件，包括一件黄色的袈裟、一个长方形袋以及一块墨绿色纱。出土的棉织物包括一件棉布枕头、一件棉布三角形袋以及3片粗棉布残片。北区其他的洞窟中也有不少实物发现，只是年代较晚，大多为元代的衣物[①]。

敦煌文书中涉及了大量以丝绸为材质的日常用品，且以服饰为多。文书中出现的服装主要有衫、袄、长袖、半臂、袜肚、裙、裤、裈等，饰品则包括鞋、袜、帽子、手巾以及帔帛等。这些服饰多以丝绸为材料，几乎包括当时所有的丝织物品种，包括绢、绫、锦、罗和绝等。上述实物反映出的工艺除了织造外，还有刺绣、染缬、绘画和贴金等。

三、以丝绸为材质的佛经与佛画

藏经洞中也发现过不少绘画和写经。这些绘画多以佛教为题材，通常绘在绢或者麻布上面，其主题包括佛祖、菩萨、飞天、行脚僧和经变故事等。画面中有时也会出现供养人的形象，多出现在画面下方和引路菩萨画像中。如伯希和敦煌藏品中的地藏十王图绢地彩绘（MG.17662），此绢画长229cm，宽160cm，笔法工细，设色妍丽，画面分为上下两部分。上半部分的画面中心是身披袈裟、手持锡杖的戴帽地藏王，他坐于莲花台上。地藏王下方绘有南无道明和尚与南无金毛师（狮）子，再往

① 彭金章、王建军《敦煌莫高窟北区石窟》第1、2、3卷，文物出版社，2000年7月、2004年7月。

图 1-3 地藏十王图绢地彩绘

下绘有四判官。地藏王的左右对称地绘有十殿阎王，十王均作官员装束，面前摆有公案，左右侍文吏（图 1–3）。披帽地藏十王不仅出现在敦煌绢画中，在宋代的敦煌壁画中也有描绘，如莫高窟第 176 窟甬道顶部绘有地藏披帽坐像、十王、六道、狮子等；莫高窟第 380 窟甬道顶部绘有地藏、十王、二判官，上方两角各有一飞天，地藏披帽而坐，左手托宝珠，右手持锡杖。在敦煌地区，披帽地藏像出现在五代，并成为五代至宋及西夏时期流行的样式[①]。绢画下半部分竖向分为三部分，左端为南无引路菩萨，身着瓔珞天衣，脚踏莲花，手持经幡；右端绘一头戴凤冠，着大袖衫、帔帛的持瓶贵妇，身后立四随从；中间部分为发愿文，可知该绢画绘于宋太平兴国八年(983)。

图 1–4 引路菩萨绢画

引路菩萨是引导亡者往生净土的菩萨，其名号虽未见诸经典，但在藏经洞发现了明确标示为引路菩萨的绢画，如大英博物馆藏品中的 OA.1919.1-1.047 引路菩萨绢画，此绢画高 80.5cm，宽 53.8cm。画中菩萨左手持莲花，上系引导死者往生的引路幡，右手持鹊尾香炉，

① 王惠民《中唐以后敦煌地藏图像考察》，《敦煌研究》2007 年第 1 期，第 24—33 页。

脚踏白色莲花。菩萨身后是一红衣贵妇，身披帔帛，头戴金梳和花钗，为典型的盛唐时期上层社会妇女的装扮。画面的右上角有榜题，但前面文字已缺失，只能辨认出最后的“引路菩”三个字（图1-4）①。另一件明确标示为引路菩萨的绢画是伯希和藏品中的MG.17657，此绢画画面中一菩萨右手持一长杆，杆顶悬一面迎风飘摆的杂彩幡，后面跟随的是一位白袍男子。画面左上角有两列墨书：“女弟子康氏奉亡夫薛诠，画引路菩萨壹尊，一心供养”，故可推断，白袍男子代表的就是康氏的亡夫薛诠②。

除了彩绘佛像，莫高窟藏经洞中还发现了两件保存较完整的唐代刺绣佛像：一件是刺绣《灵鹫山释迦牟尼说法图》(MAS.1129)，长 241cm，宽 159.5cm，所绣人物与真人大小相近；另一件是收藏于印度国立博物馆的劈针绣佛像（Ch.00100)，长 81.3cm，宽 63.5cm，上面残存有 70 多尊分别披红色、橙色和褐色袈裟且结跏趺坐于莲座之上的佛像。

藏经洞发现的佛经有直接书写在丝绸上的，也有绢地刺绣的，如现藏于法国国立图书馆的佛经刺绣片段（P.4500)，就是在灰蓝色的绢地上用浅棕色无捻丝线劈针刺绣出的《佛说斋法清净经》中的片段，十分精致。

四、以丝绸为材质的织物残片

在敦煌发现的各种织物中，数量最大的则是织物残片，大小不一，形状各异，其种类包括锦、绫、绢、罗、纱等，其数量有百余片。这些残片有的是从残损的丝绸物品上脱离的，有的则明显是人为撕扯或剪下的。

---

① Roderick Whitfield and Anne Farrer, *Caves of the Thousand Buddhas: Chinese Art from the Silk Route,* British Museum Publications, 1990, fig.14.

② Jacques Giès, *Les arts de L'Asie Centrale: la collection Paul Pelliot du Musée National des Arts Asiatiques-Guimet*, II, Paris Réunion des Musées Nationaux, 1996, fig.69.

图 1–5　红地宝花纹锦残片

斯坦因在藏经洞中就发现过为数不少的丝绸碎片，看起来是从同一块织物上直接剪裁开的，只是现在它们过于零碎，已无法复原织物以前的形状。如红地宝花纹锦（L:S.642:1-2）共有57 片，其中两片藏于大英博物馆，其余藏于维多利亚阿伯特博物馆（Victoria and Albert Museum）（图 1–5）[①]。57 片碎片形状各异，但都不是很大，它们原来的用途不甚清楚，但都应该是从同一种织物上剪下来的。从技术上分析，这些红地宝花纹锦已属典型的中亚粟特织锦系统，应该是唐代中亚织工生产的唐代风格的图案。卷草纹异色绫（L:S.646），共有 22 片，其中 5 片收藏于大英博物馆，17 片收藏于维多利亚阿伯特博物馆，除小量呈窄条带形外，大多数为三角形。该织物采用经纬线异色的方法织成，原图案循环极大，是一个大型的宜男花卉，造型形象生动，已带有极为明显的辽宋写生花卉的风格。据斯坦因推测，这些小残片应是由施主捐献出来的，往往是虔诚的信徒从衣服上剪下，作为还愿品献呈[②]。佛教传入中国之后，特别是唐宋之间，在许多寺庙入瘗舍利等神圣的场合中，都可以发现以铜钱和丝绸铺地或是以残碎丝织品包裹或衬垫舍利等圣物的现象。藏经洞中发现的这些丝织品残片也有可能象征施主的财富，以期待在某次合适的场合被用于瘗藏舍利时的供养。

---

① 赵丰主编《敦煌丝绸艺术全集·英藏卷》，第 130—131 页。

② Aurel Stein，*Serindia*，Vol.2，p.899.

在上述丝绸种类中，由于以绢为材质的佛画或佛经，一般在艺术中有着专门的分类和研究，因此，在第三类中，仅用了书画方式而未用刺绣、印染等专门技法制作的佛经与佛画，我们未将其纳入敦煌丝绸的范围之内。

同时，我们也得注意，丝绸是纺织品的一种，有时丝绸与其他纺织品是混用的，有些记载也不是很明确，因此，也很难判断其到底是不是丝绸。所以，我们有时也会将本书研究对象的范围从敦煌丝绸扩大到其他的纺织材质，包括以下种类：丝绸、麻布、棉布、毛织品（包括褐、毯、毡等），还有织入或绣入的其他材质，如藤草、竹篾（经常与丝编在一起）、金银线（多用于刺绣）。从工艺上来看，也可以分成织造、编织、印染、刺绣等多种。

第二节

实物资料

藏经洞被发现后，英国的斯坦因、法国的伯希和率先来到敦煌，用各种手段掠取了大量在藏经洞中发现的文物，其中包括数以千计的丝绸文物。后来，日本的橘瑞超和俄国的鄂登堡（S.F.Oldenburg）等人也来到敦煌，再从莫高窟僧人等手中及敦煌其他洞窟掠夺各类文物，其中也有不少珍贵的丝织品。这一系列的中亚探险活动使中国西域的大批古物流散至世界各地，敦煌的丝绸也不例外。这些丝织品目前主要收藏在英国大英博物馆、维多利亚阿伯特博物馆、英国国家图书馆、法国吉美博物馆、法国国家图书馆、俄罗斯艾尔米塔什博物馆、印度新德里国立博物馆以及中国的国家图书馆、敦煌研究院和旅顺博物馆。我们在《敦煌丝绸与丝绸之路》一书中对这些机构所收藏的敦煌丝绸做了初步的统计，统计结果如下[①]。

表 1–1　敦煌丝织品收藏情况简表

收藏地	主要来源	大概数量	发表情况
大英博物馆	斯坦因第二次中亚考察收集品	155	已发表

① 编号相同的织物以一件计数，但往往同一编号下有若干织物残片。参见赵丰主编、王乐副主编《敦煌丝绸与丝绸之路》，中华书局，2009 年，附录 1。

续表

收藏地	主要来源	大概数量	发表情况
维多利亚阿伯特博物馆	斯坦因第二次中亚考察印度借品	200	已发表
英国国家图书馆	斯坦因第二次中亚考察收集品	141	已发表
法国吉美博物馆	伯希和西域考古探险团收集品	92	已发表
法国国家图书馆	伯希和西域考古探险团收集品	37	已发表
艾尔米塔什博物馆	鄂登堡考察团第二次西域考察收集品	67	已发表
印度国立博物馆	斯坦因第三次中亚考察收集品	20	未全部发表
旅顺博物馆	大谷探险队第三次中亚考察收集品	115	未发表
敦煌研究院	莫高窟122、125、130窟和北区出土品	230	未全部发表
中国国家图书馆	藏经洞流散出、他人捐赠、购买品	不明	未全部发表

一、斯坦因收集的敦煌纺织品

斯坦因共进行过四次中亚探险，并于第二次和第三次探险期间到过敦煌。1907年3月，在进行第二次中亚考察时斯坦因来到了敦煌。他骗取了看护莫高窟的道士王圆箓的信任，并于5月21日进入藏经洞。借着道士摇曳不定的灯光，斯坦因看到“一束束经卷一层一层地堆在那里，密密麻麻，散乱无章。经卷堆积的高度约有10英尺，后来测算的结果，总计约近500立方英尺（图1–6）”[①]。最终，斯坦因以四块马蹄银的价格从王道士手中获得了七大箱的经卷和五大箱的绘画、织物等。四个月后，斯坦因又从王道士手中获取230捆手稿约300件经卷（图1–7）[②]。1913年，斯坦因开始了他的第三次中亚探险，途经敦煌时又劫掠了一批包括丝织品在内的敦煌文物[③]。

斯坦因的中亚探险得到了多个机构的资助，第二次探险的资金由印度政府赞助60%和大英博物馆提供40%，所以，这次的收集品也按此比例分配。斯坦因将第二次从敦煌收集的丝织品与其他收集品一起运到伦

① Aurel Stein，*Serindia*，Vol.2，p.808.

② Aurel Stein，*Serindia*，Vol.2，p.825.

③ Aurel Stein，*Innermost Asia*，Oxford：Clarendon Press，1928，Vol.1，pp.343–370.

图 1-6　斯坦因所拍摄的藏经洞洞口

敦，先存放在大英博物馆，然后在英国和印度政府之间进行分配。分配给大英博物馆的藏品从斯坦因藏品名下转入大英博物馆，而分配给印度政府的藏品则于 1919 年 2 月 12 日从大英博物馆迁至伦敦的印度事务部，准备日后装船运往印度。然而，这批藏品似乎并没有马上运往印度，而是留在了伦敦的印度仓库并辗转到了维多利亚阿伯特博物馆，博物馆向印度政府申请借用后一直保存着这批纺织品。斯坦因的第三次探险则完全是由印度政府资助的，结果这次探险的收集品主要都收藏于印度新德里国立博物馆，大英博物馆只是收藏了一些代表性的标本和“文学遗稿”。1972 年，英国国家图书馆成立，斯坦因藏品中的手稿资料从大英博物馆转入英国国家图书馆(包括附有丝织带的中文经卷)。1982 年，印度事务部图书馆和档案部也被并入英国国家图书馆，所以斯坦因从敦煌收集的藏文和于阗文文献也和汉文文献归在了一起。这一新部门最初被命名为“东方和印度藏品部”，后又更名为“亚太非藏品部”①。

图 1-7　出自藏经洞的写经包袱

① 汪海岚、白海伦、吴芳思《伦敦收藏的敦煌丝绸》，《敦煌丝绸艺术全集·英藏卷》，东华大学出版社，2007 年，第 12—21 页。

二、伯希和收集的敦煌纺织品

1906 年，法国的伯希和西域考古探险团组建并奔赴中国西域，此后进行了近 3 年的探险活动。听说敦煌千佛洞的发现后，伯希和探险队就经吐鲁番、哈密直奔敦煌。1908 年 2 月 14 日，伯希和一行到达敦煌县城，对千佛洞的 182 个石窟进行编号，并拍摄了洞窟及其壁画。3 月 3 日，伯希和进入了被其称为“至圣所”的藏经洞。在那里，伯希和用了 3 个星期的时间浏览了藏经洞中 15000 多卷文书，并编写了简目。最终，伯希和仅以 500 两银子的代价，将藏经洞写本的精华捆载而去。这些珍贵的文书、写本中，包括用婆罗米字母写成的印度语和吐火罗语文献以及回鹘文和吐蕃文文献，此外，还有幡画和织物残片等共 7000 多件文物。1908 年 12 月，这批文物从海路运离中国，并于 1909 年 11 月抵达巴黎。伯希和探险队从敦煌带回的丝织品包括绢画、幡及幡残件、经帙、包裹经卷的包袱布、经卷封面、系带以及一些织物残片。经卷及手稿等文献被收入法国国家图书馆，而其余的丝织品则作为艺术品最初入藏卢浮宫美术馆，后来陆续转入法国吉美博物馆。最初入藏 15 件敦煌幡画作品，1922 年又转入 40 件。1947 年，伯希和的全部中亚收集品从卢浮宫美术馆转入吉美博物馆[①]。

三、鄂登堡收集的敦煌纺织品

俄国的鄂登堡在 1909—1910 年曾率领考察队第一次考察了新疆境内的一些历史遗迹，而他 1914—1915 年间第二次西域考察的主要任务是对中国甘肃省敦煌县莫高窟（千佛洞）的历史文物进行综合性描述与研究。1914 年 8 月 20 日考察团到达千佛洞，在敦煌期间，他们详细研

① 劳合·福奇兀著，杨汉璋译《伯希和在敦煌收集的文物》，《敦煌研究》1990 年第 4 期，第 38—46 页。

究了洞窟壁画与彩塑，认真进行了摄影、覆描、绘画、测绘、考古清理、发掘和记录工作。鄂登堡考察团的材料包括：鄂登堡院士和其他考察队成员的旅行日记两本、千佛洞洞窟的完整记录7本（附有鄂登堡关于某一时代特有风格的简短的概述）、千佛洞彩画的写生和略图、杜丁对敦煌壁画作的笔记、考察队的照片（底片和相片）、考察队所作的平面图和略图以及雕塑、绘画和实用艺术品等文物。所收集的敦煌艺术品包括雕塑（含附件）43件，壁画16件，绢画59件，麻布画、幡画78件，工艺品36件，纸画24件，残片49件等①。俄国探险队收集品部分收藏在俄罗斯科学院东方研究所圣彼得堡分所图书馆和艾尔米塔什博物馆。其中艾尔米塔什博物馆东方部敦煌收藏品的主要部分是1930年7月和1931年11月从苏联科学院彼得大帝人类学和民族学博物馆转入的，大部分绢画和纸画是1977年2月从苏联科学院东方研究所列宁格勒分所转入的②。

四、大谷探险队收集的敦煌纺织品

日本所进行的三次中亚探险均由西本愿寺第22代宗主大谷光瑞派遣，但大谷探险队只有在1910—1914年间进行的第三次探险时到达了敦煌。1912年1月，探险队成员橘瑞超与吉川小一郎在敦煌会合，一同到了藏经洞。在那里，橘瑞超“搜集斯坦因博士拿剩的东西，以及寺僧们隐藏放置的东西，先后带回国来”③。因为在橘瑞超到达藏经洞之前，斯坦因与伯希和都曾经到达藏经洞并带走大批精品，橘瑞超所得应是经过他们搜刮后留在藏经洞或王道士等人私藏的物品。

日本大谷探险队的收集品最初保存在大谷光瑞神户郊外六甲的别墅

① 俄罗斯国立艾尔米塔什博物馆《俄藏敦煌艺术》(I)，上海古籍出版社，2002年，第17页。

② 俄罗斯国立艾尔米塔什博物馆《俄藏敦煌艺术》(I)，第23页。

③ 橘瑞超著，柳洪亮译《橘瑞超西行记》，新疆人民出版社，1998年，第94页。

二乐庄。1914年，大谷光瑞破产，他辞去了法主职务，归还伯爵爵位。1916年1月，橘瑞超受大谷光瑞的委托处理三次中亚探险的收集品，将其中部分出售给久原房之助，久原随后将这批收集品捐赠给同乡、时任朝鲜总督的寺内正毅，并移存至朝鲜总督府博物馆，即今韩国首尔的国立中央博物馆。1916年5月，大谷开始向旅顺的住宅运送西域收集品。橘瑞超在旅顺整理运送来的发掘品，编号登记，为在第二年（1917）开馆的关东都督府"满蒙物产馆"的陈列做准备[①]。1918年4月，"满蒙物产馆"更名为"关东都督府博物馆"；1919年4月，改称"关东厅博物馆"，1934年12月，又改称"旅顺博物馆"，名称沿用至今。2007年7月底，我们对旅顺博物馆藏大谷文物中的纺织品进行了初步的整理和研究，发现了一批与佛教有关的纺织品，包括幡、幡残件、帷幔残件以及线描菩萨纹和植物纹的丝织物等。通过分析这批织物的图案、种类、组织结构，并与英、法、俄所藏的敦煌发现的纺织品进行比较，我们认为，这批织物绝大多数出自敦煌。

五、新中国考古发掘的敦煌纺织品

英、法、俄、日等国在中国西域的探险，对中国的历史遗迹造成了严重的破坏，给中国的文物界造成了不可弥补的损失。为了清理保护敦煌石窟、防止文物继续流失，1944年2月，中国政府在敦煌莫高窟设立了其保管、研究机构——国立敦煌艺术研究所。1950年改名为"敦煌文物研究所"，1984扩建为敦煌研究院。经过几代人的艰辛努力，敦煌研究院在敦煌石窟的保护和研究、敦煌艺术和敦煌文献研究、敦煌文化弘扬等方面都有了辉煌的业绩，在丝织品考古发掘方面也有几次大的发现。新中国成立后其考古发掘所得的纺织品都收藏在敦煌研究院。

1965年3月，为了配合莫高窟南区危崖的加固工程，敦煌文物研究

① 橘瑞超著，柳洪亮译《橘瑞超西行记》，第157—159页。

所在第125、126窟窟前进行清理发掘时发现了一幅刺绣的几块残片。1965年10月，为加固莫高窟第130窟内大面积空鼓壁画，敦煌文物研究所保护组的工作人员在窟内南壁西端一岩孔内发现了残幡等织物一团，经整理共有40件，多为绢幡和绮幡，时代为唐代。同年秋，在第122、123窟窟前发掘时，发现一批唐代遗物，其中丝织物为12件且绝大部分都是幡残件[①]。

1988—1995年，敦煌研究院考古研究所的考古工作人员，对莫高窟北区长达700余米的崖面上的所有洞窟，进行了科学、全面、系统的清理发掘。在21个供僧人修禅用的禅窟中，出土各类织物69件；在6个具有多个禅室的多室禅窟中，出土各类织物24件；在19个供僧人日常起居生活用的僧房窟中，出土各类织物50件；在3个同一窟内具备生活和禅修两种功能的僧房窟附设禅窟中，出土各类织物5件；在12个瘗埋僧人骨灰、遗体和遗骨的瘗窟中，出土各类织物52件；在两个供民众向佛顶礼膜拜、举行佛事活动的礼佛窟中，出土各类织物5件；在1个用于贮藏的廪窟中出土织物1件；在9个性质不明的石窟中，出土各类织物25件[②]。

本书的研究实物主要为敦煌发现的自北朝至北宋时期的丝织品以及以丝为主材质制成的佛教用品，也包括一些其他纺织品，如麻、棉、毛制品等，但不包括以绢为地的佛教题材绘画。这些丝织品大多发现于莫高窟南区的藏经洞以及第122、125、130窟等北魏至盛唐时期的洞窟，少量发现于莫高窟北区。由于北区出土的丝织品年代跨度很大，从北朝到元代均有，因此本书只选取元代之前的丝织品作为主要研究对象。

---

① 敦煌文物研究所考古组《莫高窟发现的唐代丝织物及其它》，《文物》1972年第12期，第55—67页。

② 彭金章、王建军《敦煌莫高窟北区石窟》，2000年7月、2004年7月。

第三节

敦煌壁画、彩塑与丝绸

莫高窟的壁画与彩塑也是我们研究敦煌纺织品图案及其使用方式的重要材料。敦煌的壁画题材大多采用佛教题材，包括佛与菩萨等的画像、佛教故事画、经变画等，除此以外还有供养人画像。供养人画像主要是出资造窟的主人及其眷属的画像和出行图，而研究这些图像也是我们了解敦煌地区世俗人物衣着情况最为直接的方式。

供养人服饰中的图案应是当时敦煌地区人们衣着纹样的最好例证。敦煌早期壁画中出现的供养人服饰多为单色，图案较为少见，即便有也往往描绘得较为粗糙，如莫高窟第 390 窟隋代供养人袍服上的联珠纹，能明显看出的只有联珠团窠环，环内的主题纹样则模糊不清或仅以圆圈表示。盛唐开始，供养人，尤其是女供养人的服饰描绘得精致起来，如莫高窟第 130 窟《都督夫人礼佛图》中太原王氏母女及其侍从服装上的折枝花卉则描绘得十分生动形象。及至晚唐五代，供养人服饰的描绘则变得更加细致入微。

莫高窟第 61 窟是曹议金的儿子、归义军第四任节度使曹元忠之功德窟，建成时间在 947—951 年间。此窟东壁南侧的几个女供养人像中，第一位是曹议金的回鹘夫人，甘州回鹘可汗的女儿；第二位是嫁给甘州回鹘可汗做夫人的曹元忠的姐姐。她们都是典型的回鹘装扮，头戴桃形冠，身着翻领、窄袖长袍，领子上装饰着鸟衔花枝的图案；第三位也是曹元忠的姐姐，做了于阗皇后，头戴凤冠，她及其后面的女眷都身着汉装，内着高腰裙，外着及地大袖衣加帔帛。这些女供养人的服饰图案精美，折枝花鸟图案栩栩如生，显示出曹氏家族的权力和财势（图 1-8）[①]。

莫高窟的经变画中也常会出现世俗人物，最典型的例子当数《维摩诘经变》。其中所绘中原帝王与各族王子的服饰和服饰图案往往带有鲜

图 1-8　莫高窟第 61 窟女供养人像

① 敦煌文物研究所编《中国石窟·敦煌莫高窟》第 5 册，文物出版社，1999 年，图 79。

图 1–9 莫高窟第 156 窟《维摩诘经变》中的各族王子

明的地域特征。中原帝王的袍服上通常绘有六边形的联珠龟甲骨架图案，内填朵花，此种图案在莫高窟第 194 窟盛唐时期的《维摩诘经变》中就已出现，直至五代第 98 窟中仍能看到，只是龟甲骨架内朵花的形状和花瓣数会略有不同。由此可见，在当时，将龟甲骨架内填朵花的图案用于中原帝王的袍服已是一种相对固定的模式。经变画中各族王子的服饰也各具特色，除了服饰款式本身所反映出的民族特征外，服饰上的图案如联珠纹等也能暗示出王子们的族别（图 1–9）。类似的例子还有莫高窟第 45 窟盛唐时期观音经变中的《胡商遇盗图》，此图描写的是胡商遇盗之场面，强盗们手拿长刀，凶神恶煞，商人则胆战心惊地卸下马鞍架上满满的货物，双手合十，虔诚地祈求观音菩萨的保佑。画面中人物形象而生动，衣着服饰描绘得也很细致，胡商头上的高尖帽和下颌上的虬须都清晰地反映出了胡人的特征①。

莫高窟的建造者多是虔诚的佛教徒，故敦煌彩塑中佛、菩萨和天王等的服饰甚至佛座都成为画匠们描绘的重点，而这些佛教人物的服饰中

① 敦煌文物研究所编《中国石窟·敦煌莫高窟》第 3 册，文物出版社，1999 年，图 133。

往往也有部分反映世俗社会之图案。如莫高窟第 159 窟的西壁龛北侧的彩塑高髻菩萨，她上身赤裸，下身围有裙①。裙上的图案是中唐时期典型的宝花纹，由花瓣变形而成。花瓣层叠，外形丰满，显得华贵而庄重（图 1–10）。类似的图案也可见于藏经洞发现的织锦之上。值得注意的是，壁画中的织物图案虽然在一定程度上是对现实织物图案的一种最直观的描绘，但画家的水平和绘画的表现形式决定了壁画中的图案和现实织物中的图案一定会有差异。

图 1–10　莫高窟第 159 窟彩塑菩萨

① 敦煌文物研究所编《中国石窟·敦煌莫高窟》第 4 册，文物出版社，1999 年，图 78。

第四节

敦煌文书中的丝绸

除了相关的正史、政书、类书和诗词等文学作品外，敦煌文书是了解晚唐五代敦煌地区纺织品的使用和消费情况最直接的文献资料。敦煌文书中有大量纺织品的记载，其中又以丝织物为最多，除了涉及织物的品种、图案外，还包括大量丝织物的用途。本书主要以唐耕耦、陆宏基的五卷本《敦煌社会经济文献真迹释录》为主，同时结合宁可、郝春文的《敦煌社邑文书辑校》进行整理，全面检索文书中提及的织、染、绣丝织品种和丝绸用途等方面的资料，然后进行逐项梳理，并与出土实物相比较进行名物考证。

敦煌文书中提及纺织物最多的是敦煌社会经济文书，这些文书多属唐开元或天宝年间、吐蕃统治时期和归义军时期，少数晚至北宋年间，其中大量记载了纺织品的品名、色彩和形制。从这些文书中我们可知，敦煌地区僧俗大众对纺织品的消费主要用于日常服饰、人事礼仪、纳赠助葬、佛教施舍和买卖借贷等。

社邑是中国古代的一种社会基层组织，在唐代的敦煌地区很普遍。社邑成员遍及社会各个阶层，既有普通民众，也包括僧侣。社邑文书中集中记载纺织物的是纳赠历或身故纳赠历。身故纳赠历是社邑成员或其亲属亡故后，社人依据社条规定临时决定向社司缴纳物品的记录[1]。纳赠助葬物品除了饼、粟、油、柴等外，还有大量的纺织品。文书 S.2472（背）《辛巳年营指挥葬巷社纳赠历》中记载的社人纳赠的织物有绢、练、绫、罗等，服饰则包括黄画帔子、淡红绢衫子和绣裙。纳赠历中对织物的色彩、尺寸和新旧程度也有详细的记录。

社邑文书中的财礼和贺礼目录中也载录了不少丝织物和服饰，文书 P.3440《丙申年（996）三月十六日见纳贺天子物色人绫绢历》中记载了晚唐五代敦煌佛教教团的都级僧官纳贺天子的物品，所纳丝织物品种丰富，有绢、练、绫、楼绫、夹缬等。S.4609《宋太平兴国九年（984）十月邓家财礼目》是北宋归义军节度都头知衙前虞候阎章件给其邓姓亲家翁送去的财礼清单，详细列出了阎家的财礼，包括服饰、布料等织物，麦、油酥等食物，以及羊、马、骆驼等牲口。其中以纺织品为最多，共 7 对女装，每对含衣物 3 件，分别为裙、襺裆或衫子、被子（帔帛）或礼巾。其他还有锦被 3 张，锦褥和绮褥各 1 面，以及绢、绫、罗、锦等各类丝织面料。

> 碧绫裙壹腰、紫绫襺裆壹领、黄画被子壹条，三事共壹对。红罗裙壹腰、贴金衫子壹领、贴金礼巾壹条，三事共壹对。绿绫裙壹腰，红锦襺裆壹领、黄画被子壹条，三事共壹对。紫绣裙壹腰、紫绣襺裆壹领、紫绣礼巾壹条，三事共壹对。又红罗裙壹腰、红锦襺裆壹领、黄画被子壹条，三事共壹对。又紫绣裙壹腰、绣襺裆壹领、绣礼巾壹条，三事共壹对。又绿绫裙壹腰、红锦襺裆壹领、银泥礼巾壹条，三事共壹对。沙沙那锦壹张、青锦壹张、红锦两匹、绣锦壹匹、白罗壹匹、紫罗壹匹、绮正

---

① 宁可、郝春文《敦煌社邑文书辑校》，江苏古籍出版社，1997 年，第 15 页。

绫壹匹、楼机绫壹匹、生绢两匹、红锦被两张、非（绯）锦被壹张、紫绮褥壹面、非（绯）锦褥壹面。

敦煌的寺院文书中也有大量的纺织品记载。交割历或点检历是寺院常住什物的掌管者或相关人员交接时的物品清单，包括幡、幢、伞、经巾、绣像和毡褥等多种纺织品。清单中对这些寺庙财产的描述非常详细，如 P.2613 中的“紫绫伞壹，绯绢里，青绢裙，杂色柱子”不仅记录了伞的颜色、面料、里料以及伞上的部件，还包括青绢裙和杂色柱子。更有甚者还将毛织物上的蠹孔也登记在册：“绯地青花鸟毛锦壹，壹拾叁窠，上有蠹孔壹伯玖拾叁”[①]。

入破历是记载收入和支出的账目，敦煌文书中的入破历有官衙、寺院和个人三种，但以寺院为多。入破历中记录的纺织品支出方式主要有：作为报酬付出的，用作吊礼赠出的，作为货币换取其他物品的等等。而纺织品的来源则主要是寺院实行佛教法事所得到的报酬或施主的捐赠。有时，寺院也会用一种纺织品换取其他的织物或服饰。文书 P.2040（背）详细记载了净土寺在后晋时期的收支情况，其中有不少纺织品的记载，包括付布 1 匹作为造笔篁的报酬；粗緤 11 匹作为木匠造檐的工钱；官布 1 匹，购买康家的榆木；布 18 匹，换取庭子上转经用的犀牛绫；布 16 匹，换取庭子上转经用的莲花锦袄子；麦 10 硕 5 斗，换取锦袄子 1 件。

敦煌文书中记载的唱衣是傑司等宗教团体唱卖僧俗所施物品的活动，被出唱的物品以衣物为主，所以记载此类活动的文书也被称为“唱衣历”。唱衣的制度源于佛教律藏的有关规定，僧侣圆寂后，其衣物等便分给别的僧众，当分配不均时，就采用竞卖活动变卖，所得钱物再由

---

① P.2613《唐咸通十四年（873）正月四日沙州某寺交割常住物等点检历》：“紫绫伞壹，绯绢里，青绢裙，杂色柱子”，“绯地青花鸟毛锦壹，壹拾叁窠，上有蠹孔壹伯玖拾叁”。

僧众进行分配[①]。文书P.2638《后唐清泰三年（936）沙州倸司教授福集等状》记载了沙州倸司从癸巳年（933）6月1日至丙申年（936）6月1日之间3年的唱衣收入及开支账目。其中出唱的服装和织物有：

巳年：官施衣物唱得布贰阡叁伯贰拾尺，阴僧统和尚衣物唱得布玖阡叁拾贰尺，价法律衣物唱得布叁伯陆拾叁尺，阴家夫人临旷衣物唱得布捌伯叁拾尺。甲午年：官施衣物唱得布贰阡叁伯贰拾尺，又壹件衣物唱得布肆阡捌伯壹拾尺，又壹件衣物唱得布伍阡伍伯捌拾尺，龙张僧政衣物唱得布肆阡柒伯柒拾陆尺，普精进衣物唱得布贰阡玖伯壹拾捌尺。乙未年：曹仆射临旷衣物唱得布叁阡伍伯肆拾尺，大王临旷衣物唱得布捌阡、叁伯贰拾尺，梁马步临旷衣物唱得布伍伯壹拾尺，国无染衣物唱得布叁阡肆伯柒拾伍尺，普祥能衣物唱（得）布贰阡伍伯捌拾尺，天公主花罗裙唱得布陆阡叁伯捌拾贰尺，孙法律衣物唱得布贰阡贰伯陆拾陆尺。

上件应出唱衣物，计得布伍万捌阡伍伯贰尺。

据此可知，出唱官施和僧施的包括天公主花罗裙在内的衣物共得布58502尺。该文书还详细记录了倸司拥有和消费的其他纺织品，有宰相锦袄子、黄绵绫袄子以及绢、绫、布、緤等。

① 刘进宝《从敦煌文书看唐五代佛教寺院的“唱衣”》，《南京师大学报》(社会科学版)，2007年7月第4期，第53—59页。

除了上述文书以外，敦煌地区的契约中也常会用到丝织品，在这些契约中，丝织物的功能往往等同于货币。如贷绢契中记载的是民众借贷绢织物，用以做生意或支付一段时间内的生活开销[①]。其他还有用丝绸来买牛、雇骆驼，而卖女、卖奴、当宅的所得往往也是丝绸。文书P.4518（28）《辛卯年（991？）十二月十八日当宅现点得物色》记录了辛卯年12月18日，当宅后所得的各类丝织物，除了普通的绢、绮、绫外，还有不少当时不常见或贵重的丝织品，如鹿胎、透贝、楼绫、天净纱和绮正等：

黄鹿胎柒匹，红透贝叁匹，红绮壹匹，龙
黄绫壹匹，黄御绫叁匹，黄楼绫两匹，银
褐绫壹匹，黄黑花绮正壹匹，天净纱壹匹。
第二传：锦捌匹，褥面壹个，大白绫肆匹，
天净纱叁匹，又传白罗捌匹，花隔织
两匹，楼绫肆匹，定绫贰匹，又传内
白黑花绮正陆匹，紫绮正伍匹，黄绮正
壹匹，紫大绫壹匹，又紫绫壹匹，紫沙壹匹，
白御绫壹匹，花官絁壹匹，白熟绫子
壹匹，碧绫子叁匹，又生（绢）贰拾壹匹，（夹）
缬两匹，青绢两匹，非绢壹匹，黄绢壹匹，
紫绢壹匹，白熟绢拾匹。

从上面所列举的敦煌文书中我们可以看到，在晚唐和五代时期的敦煌地区，纺织品不仅用于制作服饰和寺院用具，更多的是作为货币进入流通领域，它们在人们的日常生活和消费中扮演着非常重要的角色。

---

① 赵丰主编《敦煌丝绸与丝绸之路》之表8-5列举了20篇贷绢契。

第五节

敦煌丝绸研究小史

随着藏经洞中大量丝织物的不断发现，对这些收集品的整理和研究工作也随之展开。这些工作既包括图录的整理和发表，也包括国内外纺织史学者对敦煌丝绸的专门研究。

一、敦煌丝绸图录的整理和发表

1. 斯坦因藏品的整理

1911 年 11 月斯坦因完成了第二次考古探险的个人考察笔记，即两卷本的《沙漠契丹》（*Ruins of Desert Cathay*），1921 年增订为五卷本的正式考古报告《西域考古图记》（*Serindia*）。《西域考古图记》最重要的部分就是第 2 卷，即关于斯坦因在敦煌的活动。此报告对斯坦因所收集的敦煌织物进行了详细的编号和说明，并对典型织物样本进行了显微镜分析。安德鲁斯（Fred H. Andrews）和罗里默（F. M. G.Lorimer）在《西域考古图记》的文物目录中对每件织物做了详细的描述。第 4 卷图版还发布了部分织物的照片和图案复原。斯坦因第三次考察的详细报告是 1928 年出版的四卷本学术著作《亚洲腹地》（*Innermost Asia*）。1929 年底，斯坦因在美国哈佛大学做了系列讲座，并在此基础上编写了《在中亚的古道上：三次亚洲腹地与西北中国探险概述》（*On Ancient*

Central Asian Tracks: Brief Narrative of Three Expeditions in Innermost Asia and Northwestern China)。

韦陀（Roderick Whitfield）整理和分析了部分留存在大英博物馆的斯坦因收集品，并编成《西域美术：大英博物馆藏斯坦因收集品》，共3卷。第1卷为敦煌绢画，第2卷为敦煌10世纪的大幅绢画以及纸画、木板画。1984年出版的第3卷为染织品、雕塑、壁画等，除了敦煌文物，还有新疆各地的收集品①。该卷的前半部分为图录，后半部分为图录的文字说明。在韦陀和龙安妮（Anne Farrer）合著的《千佛洞》（*Caves of the Thousand Buddhas*）一书中，也收录了部分大英博物馆所藏的藏经洞发现的绘画，主要是绢画、幡画以及织物残片②。

安德鲁斯在其所著的《斯坦因在中亚、甘肃和伊朗东部探险所得文物的目录说明》（*Descriptive Catalogue of Antiquities Recovered by Sir Aurel Stein during His Explorations in Central Asia, Kansu and Eastern Iran*）中，详细记录了印度新德里国立博物馆的斯坦因敦煌藏品③。他按照绘画、多彩织物、单色织物等，将藏经洞发现的丝织品加以分类，并按斯坦因的编号对每件织物做了简要说明。山边知行在《丝绸之路的染织——新德里国立博物馆藏斯坦因收集品》中，也发表了部分收藏在印度新德里国立博物馆的斯坦因纺织品藏品④。其中包括两件敦煌丝织物：帷幔残件（Ch.00280）和蓝罗地彩绣花鸟残片（Ch.00280）。这两件织物应与两件现收藏于维多利亚阿伯特博物馆的织物有相同的斯坦因编号，

① Roderick Whitfield, *The Art of Central Asia: the Stein Collection in the British Museum*, Kodansha International in cooperation with the Trustees of the British Museum, 1982–1984.

② Roderick Whitfield and Anne Farrer, *Caves of the Thousand Buddhas: Chinese Art from the Silk Route*, British Museum Publications, 1990.

③ Fred H. Andrews, *Descriptive Catalogue of Antiquities Recovered by Sir Aurel Stein During His Explorations in Central Asia, Kansu and Eastern Iran*, Delhi: Manager of Publications, 1935.

④ 山辺知行《シルクロードの染織——スタイン・コレクションニューデリー国立博物館蔵》，紫紅社，1979年。

应分别为一件大织物的两个不同部分。

2. 伯希和藏品的整理

伯希和1908年在我国新疆、甘肃探险考察时做的笔记后来被整理为《伯希和敦煌石窟笔记》（*Les Grottes de Touen-houang*），共6卷，由原法兰西学院中亚和高地亚洲研究中心整理，并于1980—1992年间出版。

吉美博物馆收藏的200多幅藏经洞发现的幡画，已由玛雅尔（Monique Maillard）和热拉-贝札尔（Robert Jera-Bezard）公布并做了研究，发表在1974年出版的《伯希和探险团档案》之第14卷《吉美博物馆收藏的敦煌幡画》中。为了补充这部著作，1976年又出版了《伯希和探险团档案》第15卷图版卷，此卷以图录的形式发表了吉美博物馆伯希和藏品中的220幅绘画与幡[①]。

1994年出版的法文和日本版《西域美术——吉美博物馆藏伯希和收集品》（*Les arts de l'Asie centrale: La collection Pelliot du musée Guimet*）也收录了吉美博物馆收藏的敦煌幡画和丝织物，其中包括两件从未发表过的幡[②]。

3. 俄罗斯藏品的整理

20世纪50年代以前，前苏联发表的敦煌学论著多属概述性质，如贾科诺娃的《敦煌的佛教古迹》、《敦煌所出中国绢织物》等。近年来上海古籍出版社和俄罗斯合作，分别就俄罗斯所藏敦煌文献和敦煌艺术品进行出版，已基本全部发表，共有《俄藏敦煌文献》17卷（图版）和《俄藏敦煌艺术品》5卷。后者主要包括以下几部分：(1)敦煌文物350件，现藏于俄罗斯圣彼得堡艾尔米塔什博物馆；(2)俄国考察队在敦煌拍摄的1000幅历史照片；(3)全景和分段的测绘图；(4)350幅临摹图；(5)关

---

① 伯希和等著，耿昇译《伯希和西域探险记》，云南人民出版社，2001年，第464页。

② 贾立基、秋山光和《西域美术——吉美博物馆藏伯希和收集品》，讲谈社，1994年。

于170多个洞窟的笔记资料。

4. 日本大谷藏品的整理

1915年6月，香川默识将大谷探险队三次所获文物、文书，选出一些有代表性的合编为《西域考古图谱》，此书是大谷探险队西域考察后所拍的实物图片集。其内容包括佛典、经籍、史料、西域文书、绘画、染织刺绣、古钱、印本、杂品等，选定实物690余种，图片翔实。

2007年7月底，我们对旅顺博物馆藏大谷文物中的纺织品进行了初步的整理和研究，发现了一批与佛教有关的纺织品，包括幡、幡残件、帷幔残件以及线描菩萨纹和植物纹的丝织物等。通过分析这批织物的图案、种类、组织结构，并与英、法、俄所藏的敦煌纺织品进行比较，我们认为，这批织物绝大多数出自敦煌。

二、国际纺织史学者对敦煌丝绸的专门研究

对斯坦因敦煌丝绸藏品的研究应该始于安德鲁斯，他除了在《西域考古图记》中分析了斯坦因收集的敦煌织物，复原了织物图案以外，还做过一些针对中国古代显花织物的研究[①]。艾伯特·弗兰克·坎德里克（Albert Frank Kendrick）从1898年起担任维多利亚阿伯特博物馆纺织品部主任以来，在20世纪20至30年代不遗余力地从印度政府租借斯坦因纺织品，同时他也进行着斯坦因藏品的研究。在《中世纪早期织物图录》（*Early Medieval Weaves*）中，他利用斯坦因从敦煌收集回来的织物，探讨了团窠图案可能产生的源头。若干年后，印度藏品部副主任约翰·劳瑞（John Lowry，担任此职位至1982年）在《早期中国丝织物》（*Early Chinese Silks*）中概括了汉唐织物的风格和图案演变之脉络，并选择了用维多利亚阿伯特博物馆的敦煌织物残片来阐明

---

① Fred Andrews, *Ancient Chinese Figured Silks, excavated by Sir Aurel Stein at ruined sites of Central Asia*, Bernard Quaritch, Ltd, London, 1920.

这一转变[①]。

除此以外，日本的小川靖彦（Yasuhiko Ogawa）对英国国家图书馆斯坦因藏品中的35件经卷上的丝绸系带做了分类和研究[②]。按照织物品种和制作工艺，他将样本分为A类对折缝制丝织物带（30件）和B类编织丝带（5件），并对织物的工艺进行了简单分析。

伯希和的丝绸藏品由法国的劳合·福奇兀（Laure Feugère）等进行过研究[③]。她还曾撰写《伯希和在敦煌收集的文物》（*The Pelliot Collection from Dunhuang*）一文，发表在香港的*Orientations*杂志上。文章简要介绍了伯希和考察团在敦煌的活动以及伯希和收集品的收藏，并对吉美博物馆收藏的绢画从绘画主题和艺术风格上做了初步研究。文章后来由杨汉璋翻译成中文并刊登在1990年第4期的《敦煌研究》上[④]。

更为有名的是法国印度裔学者、吉美博物馆的特约研究员克里斯娜·里布（Krishna Riboud）与法国古织物专家加布里尔·维亚尔（Gabriel Vial）合作，于1970年出版的伯希和探险团档案第13卷《吉美博物馆和法国国家图书馆所藏敦煌织物》（*Tissus de Touen-Houang*）[⑤]。该书收录了包括幡、经帙、残片在内的103件织物，其中13件为法国国家图书馆藏品。里布夫人和维亚尔对这些纺织品从图案风格、织物结构和纺织技术等方面做了颇有价值的研究，进行了大量的织物图案和形制

---

① 汪海岚、白海伦、吴芳思《伦敦收藏的敦煌丝绸》，《敦煌丝绸艺术全集·英藏卷》，第12—21页。

② Yasuhiko Ogawa, *A Study of the Silk Braids on Stein Chinese Scrolls*, IDP News, No. 27,2006, pp.6–7.

③ Jacques Giès, Laure Feugère and Andre Coutin, *Painted Buddhas of Xinjiang: Hidden Treasures from the Silk Road*, British Museum Press (Oct 2002); Laure Feugère, *Some Remarks on a Silk Wrapper*, Journal of the Institute of Silk Road Studies. 2000 (1999).

④ 劳合·福奇兀著，杨汉璋译《伯希和在敦煌收集的文物》，第38—46页。

⑤ Krishna Riboud and Gabriel Vial, *Tissus de Touen-houang conservés au Musée Guimet et la Bibliothèque Nationale*, Paris: Adrien-Maisonneuve, 1970.

复原，绘制了锦、绮、罗等织物的上机图、斜编和绞编织物的结构图，并对个别丝织物加以显微镜分析。可以说，这部著作第一次对敦煌发现的织物进行了真正意义上的专业研究。中国学者高汉玉、屠恒贤参考了此书的部分内容，介绍了里布夫人和维亚尔的著作，并撰文《敦煌窖藏的丝绸与刺绣》，发表在《丝绸史研究》1985 年第 4 期上。

俄罗斯的陆柏（Lubo-Lesnitchenko）是里布夫人的好友。在《敦煌纺织品的藏品、年代、工艺技术和艺术风格》一文中，陆柏对分散于世界各地的敦煌纺织品进行了大致分类，对其工艺和图案源流做了进一步的研究。他认为敦煌织物中的萨珊联珠纹和陵阳公样反映了隋唐时期的东西方文化交流。文章还将敦煌织物与吐鲁番、日本法隆寺等地发现或收藏的年代大致确定的丝织品的图案进行比较，从而对部分藏经洞发现的织物进行了断代。

三、新中国成立后莫高窟考古丝织品的整理与研究

在国外诸多学者对敦煌的丝织品积极地进行搜集与研究的同时，我国的学者也在不断地对此进行着发掘整理与研究，尤其是新中国成立以来，莫高窟考古丝织品的整理与研究工作也取得了卓越的成就。

1965 年 3 月，敦煌文物研究所的工作人员在莫高窟南区第 125、126 窟窟前发现了一幅刺绣的几块残片。这些残片经拼合后推测，残高 46cm，幅宽 59cm。刺绣采用劈针绣，内容从上而下应是：上为横幅花边，中为一佛二菩萨说法图，下为发愿文和供养人像。发愿文居中，男女供养人像分列两边。发愿文四周以紫线绣出矩形边框，原应有 150 余字，现存约一半。发愿文右侧男供养人像仅存两身，第一身衣纹似为袈裟残部，应为供养比丘，不见题名榜书；第二身残存头、足部分，头戴高冠，脚穿乌鞋，身前题名榜书“……王”[①]。该刺绣的发掘经过及对它

① 敦煌文物研究所《新发现的北魏刺绣》，《文物》1972 年第 2 期，第 54—60 页。

的考证发表在《文物》1972年第2期上。

1965年10月，敦煌文物研究所的工作人员在莫高窟南区第130窟窟内和第122、123窟窟前发现了40多件唐代织物，这批唐代织物现收藏于敦煌研究院。它们的发现，为藏经洞的丝织品研究提供了更多的依据和参考。《文物》1972年第12期的《莫高窟发现的唐代丝织物及其它》对该批丝织物的品种、用途做了详细分析，并对幡的功能和使用方式做了考证。文章还对所发现的丝织物列表说明。

莫高窟依照石窟在崖面的分布情况分为南北两区。以原敦煌文物研究所编号的第1窟为界，此窟以南为南区，以北为北区。南区的石窟大多有壁画和塑像，是石窟寺的礼佛区；而北区石窟则多为僧房窟、单室禅窟、多室禅窟，僧房窟附设禅窟、瘗窟、廪窟，仅有7个窟是礼佛窟，所以北区石窟是供人用的生活区。

1988—1995年，敦煌研究院对北区洞窟进行了全面清理，共新编窟号243个，加上原来编入南区的第461—465窟，北区现存洞窟248个。在发现织物的73个石窟中，共出土各类织物200多件。发掘简报刊登在《文物》1998年第10期上①，而详细的考古报告由文物出版社分别于2000年和2004年出版了三卷本《敦煌莫高窟北区石窟》。

四、中国学者对敦煌丝绸与服饰的新研究

随着敦煌学日益引起学术界的关注，敦煌的纺织品也进入了中国学者的研究领域。他们首先是对文献资料中的纺织品进行研究。由于丝绸在古代敦煌普遍存在，敦煌文书中就有大量关于丝绸使用和交易的记载，因此，学者们除了通过敦煌文献对当时社会经济中的丝绸进行研究之外，还可以通过大量的丝织品名物来加以考证。在前人整理的敦煌社会文书

① 彭金章、沙武田《敦煌莫高窟北区洞窟清理发掘简报》，《文物》1998年第10期，第4—21页。

中，有相当一部分文书都与丝绸纺织有关，特别是敦煌社邑文书和会计文书等。敦煌文献的研究者在其研究过程中也多少有所涉及，如郑炳林在《晚唐五代敦煌贸易市场的等价物》一文中，对敦煌文书中反映的作为交换计算价格标准等价物的麦、粟、豆等谷物以及布、褐、绢、緤等纺织物进行了比较研究[①]，进而探讨了敦煌经济和丝绸之路的贸易情况；在其另一篇文章《晚唐五代敦煌种植棉花辨析》中，郑炳林根据敦煌文献的有关记载，考证得出晚唐五代敦煌地区使用的緤是棉布，而官布是棉布中的一个品种，不仅上缴官府，而且在寺院、民间被大量使用[②]。郝春文的《唐后期五代宋初敦煌僧尼的社会生活》研究了敦煌地区民众从俗人到僧人的转变过程和程序，且详尽讨论了该地区僧尼的生活方式、财产关系、宗教活动和收入以及僧尼的遗产处理与丧葬问题，而这些都涉及了大量的包括丝绸在内的纺织品[③]。在诸多关于敦煌丝绸的研究者中，专门关注丝绸纺织的要数敦煌研究院的科技史专家王进玉，他从科技的角度对敦煌纺织品的原料、品种以及相关的纺织工具等做了大量的研究[④]。

更多关于敦煌服饰和纺织品的研究是基于敦煌的图像资料。无论是藏经洞发现的绢画，还是莫高窟现存的壁画和彩塑，都有大量的丝绸服饰和织物图案的详细描绘。在这一方面，当时的中央工艺美院（现为清华大学美术学院）的老师们曾进行过大量的工作，他们的成果集中反映在常沙娜主编的《中国敦煌历代服饰图案》中。当年参与过此次临摹工

---

① 郑炳林《晚唐五代敦煌贸易市场的等价物》，《中国史研究》2002 年第 3 期，第 87—96 页。

② 郑炳林《晚唐五代敦煌种植棉花辨析——兼答刘进宝先生》，《历史研究》2005 年第 5 期，第 174—178 页。

③ 郝春文《唐后期五代宋初敦煌僧尼的社会生活》，中国社会科学出版社，1998 年。

④ 王进玉、赵丰《敦煌文物中的纺织技艺》，《敦煌研究》1989 年第 4 期，第 99—105 页；王进玉《国宝寻踪——敦煌藏经洞绢画的流失、收藏与研究》，《文物世界》2000 年第 5 期，第 41—52 页；王进玉主编《敦煌石窟全集》第 23 卷《科学技术卷》，香港商务印书馆，2001 年，该书第五章第一节为纺织机具及织品，19 幅画面中有织车、脚踏式立机、踞织机、二人捻线的场面，还有各种锦、纱和服饰、帘、地毯以及渔网等。

作的学者除常沙娜之外还有黄能馥和李绵璐[①]。其他美术学院的染织设计方面的学者也有所研究，特别是当时的苏州丝绸工学院的诸葛铠等人，不过，他们当时更多注重的则是染织图案的古为今用[②]。段文杰对敦煌服饰的研究成果，也是这一领域的开拓之作[③]。近几年敦煌研究院出版的大型图集中关于服饰和染织图案的专册，正说明了这一方面的资料整理工作依然在有序地进行[④]。

虽然我们的前辈已经尽了很大的努力来进行敦煌丝绸和服饰方面的研究，但相比于其他领域，敦煌丝绸的研究依然显得声音太弱。因此，我们希望在敦煌学中再度开辟一片荒地用于栽桑植棉，把它建成一个丝绸之府、纺织之乡。上海东华大学的包铭新教授最早开始与敦煌研究院合作，开展了敦煌服饰方面的研究，建立了敦煌服饰艺术研究中心，以敦煌壁画为主要对象进行研究。2004 年 3 月，东华大学服装学院举办了"首届敦煌服饰论坛"，从"敦煌学与中国丝绸史研究"、"敦煌艺术表现的中国古代服装研究"、"敦煌艺术表现的服饰品和艺术形象的化妆、造型研究"三个方向展开讨论。与会学者利用敦煌雕塑和壁画中的服饰资料，结合出土实物或卷轴画中的形象，研究了敦煌各个时期的服饰面料、装饰以及人物造型，以此来发掘敦煌服饰的形式与演变规律，并对古代服饰形象做了一定程度的复原。2005 年 8 月，东华大学、敦煌研究院联合主办"中国服饰史与敦煌学论坛"，40 多位来自全国各地的专家学者参加了本次论坛，本次论坛共收到 19 篇论文和 7 篇论文提要。这些论文对敦煌壁画中的回鹘供养人服饰、西夏服饰以及敦煌壁画人物中

---

① 常沙娜《中国敦煌历代服饰图案》，中国轻工业出版社，2001 年。

② 诸葛铠《敦煌彩塑中的隋代丝绸图案》，《丝绸》1981 年第 8 期；诸葛铠、刘庆孝《敦煌装饰图案》，山东人民出版社，1982 年；诸葛铠《敦煌壁画中的唐代伎乐头饰》，《实用美术》1982 年第 8 期。

③ 段文杰《敦煌壁画中的衣冠服饰》、《敦煌莫高窟唐代艺术中的服饰资料》，《段文杰敦煌艺术论文集》，甘肃人民出版社，1994 年。

④ 敦煌研究院《敦煌石窟全集》第 24 卷《服饰画卷》，香港商务印书馆，2001 年。

的帽、鞋、耳饰等进行了专门研究，并收录到敦煌研究院编辑部出版的《敦煌研究》“中国服饰史研究与敦煌学论坛”特刊中[①]。2007 年 3 月，东华大学又主持召开了“丝绸之路——艺术与生活论坛”，来自国内外的 30 多位专家学者分别从丝绸之路上的美术考古、艺术史、东西方文化交流史以及染织服饰史等方面发表了研究成果，其中也有部分成果涉及敦煌染织与服饰主题[②]。2007 年10 月 5 日，经中国敦煌吐鲁番学会批准与支持，“中国敦煌吐鲁番染织服饰专业委员会”成立，委员会挂靠于东华大学服装与艺术设计学院，清华大学美术学院教授常沙娜应邀担任名誉主任，东华大学服装学院包铭新教授为主任委员。2008 年 3 月 26 日，借“丝绸之路——设计与文化论坛”在东华大学举行之际，同时还举行了专业委员会的揭牌仪式。一直以来，学者们不断的交流给敦煌纺织服饰的研究提供了新的思路，也为敦煌丝绸的研究开辟出了更广阔的空间，特别是扬之水开始了关于敦煌名物的一系列系统性研究，其中有相当一部分与丝绸服饰有关[③]。除此之外，东华大学的博士和硕士研

---

① 见《敦煌研究》“中国服饰史研究与敦煌学论坛”特刊，2005 年 8 月出版。其中对敦煌壁画中少数民族服饰的研究成果有：包铭新《敦煌壁画中的回鹘女供养人服饰研究》、沈雁《敦煌壁画中的回鹘男贵族供养人服饰研究》、徐庄《敦煌壁画与西夏服饰》、李甍《晚唐莫高窟壁画中所绘贵妇供养人的服饰研究》、谢静《敦煌莫高窟第 285 窟供养人服饰初探》等；对敦煌壁画人物中的帽、鞋、耳饰等方面的研究成果有：庄妮、吴静芳《莫高窟 158 窟国王举哀图中少数民族冠、帽初探》，贾玺增《莫高窟第 285 窟和 288 窟男供养人所戴笼冠之研究》，陈琛《唐代前期敦煌莫高窟壁画中俗人的鞋履形制研究》，卢秀文《敦煌壁画中的妇女面靥》，郑巨欣《敦煌服饰中的小白花树花纹考》等；对佛衣及佛像的服饰问题的研究成果有：赵声良、张艳梅《敦煌石窟北朝菩萨的裙饰》等。

② 论文见赵丰主编《丝绸之路——艺术与生活》，艺纱堂，2007 年。其中与敦煌直接相关的论文有：贾一亮《敦煌唐代经变画舞伎服饰浅析》，扬之水《“者舌”及其相关之考证——敦煌文书什物历器初考》等。

③ 论文见包铭新主编《丝绸之路——设计与文化》，东华大学出版社，2008 年。其中与敦煌直接相关的论文有：黄征《敦煌俗字考辨方法要论》，扬之水《造型与样式的发生、传播和演变：以仙山楼阁图为例》，林梅村《丝绸之路上的吐蕃番锦》，赵声良《天国的装饰——敦煌早期石窟装饰艺术研究之一》，包铭新、查琳《关于敦煌壁画中人物肤色变色现象的讨论》等。

究生们也参与到了敦煌服饰的研究中，他们共发表相关的学位论文近20篇。

2000 年，大英博物馆开始了斯坦因藏品的数字化工作，并于 2006 年邀请赵丰及其助手王乐、徐铮前往伦敦整理和研究大英博物馆藏斯坦因收集的中国纺织品。借着与敦煌研究院共同申报“敦煌丝绸与丝绸之路”国家社科基金项目的机会，赵丰带领一个团队开始了全面收集 20 世纪初流散到海外的敦煌丝绸资料的工作。2006 年初夏，该团队在伦敦的维多利亚阿伯特博物馆、大英博物馆和英国国家图书馆开始工作，共同整理这三个机构收藏的敦煌丝绸资料。随后，赵丰等人又前往俄罗斯圣彼得堡，在艾尔米塔什博物馆调查了鄂登堡考察队收集的敦煌丝绸艺术品。2007 年 4 月，他们前往敦煌研究院观摩了 20 世纪下半叶通过科学考古发掘到的百余件自北魏到元代的丝绸文物。6 月，他们赴法国巴黎，在吉美博物馆和法国国家图书馆研究了伯希和收集的敦煌丝绸。同年 8 月，他们于旅顺博物馆调查了大谷探险队劫后余生的敦煌丝绸。2009 年 3 月，他们又前往印度新德里国立博物馆调查了收藏在那里的部分丝织品。这样，他们几乎看到了所有的留存于世的敦煌纺织品，哪怕是极小极小的碎片，他们都努力将其信息准确地采集到手，希望尽可能地把相关的敦煌纺织品信息汇总在一起，出版一套《敦煌丝绸艺术全集》，供大家作为研究的基础资料。目前，该项目已经列入国家“十一五”、“十二五”重点出版规划项目，并获得 2010 年度国家出版基金资助。其中第 1 卷英藏卷的中、英文版和第 2 卷法藏卷的中、英、法文版都已经出版，受到了国内外敦煌学界的好评。该书按品种和用途将英藏和法藏敦煌丝织品分为伞盖、幡、帙巾、多彩织物、单色织物、夹缬和刺绣等部分，对收入图录中的藏品做了从艺术到技术的详细说明。此外，还对收藏的敦煌纺织品的类型和分期以及敦煌文书中记载的织物的使用情况做了专题研究。书后还列有纺织品总表，将收藏在各机构的敦煌纺织品悉列其中，并配以织物组织结构照片和技术分析。2009 年 3 月，作为国家社科基金结项的成果《敦煌丝绸与丝绸之路》也顺利出版[①]。该书对敦煌丝绸的研究不仅局限于丝绸本身的技术和艺术，还从敦煌文书，主要是从社会经济文书中了解了丝绸在当时的消费情况，并结合其他相关文献探究敦煌丝绸的原产地以及敦煌地区的丝绸贸易与经营情况。发表于《敦煌研究》的另一篇论文《敦煌的胡锦与番锦》，则结合敦煌藏经洞发现的丝绸实物和文书记载，从织物的技术层面对唐至五代敦煌地区出现的胡锦和番锦做了详细的考证[②]。

---

① 赵丰主编、王乐副主编《敦煌丝绸与丝绸之路》，中华书局，第 2009 年。

② 赵丰、王乐《敦煌的胡锦与番锦》，《敦煌研究》2009 年第 4 期，第 38—46 页。

第二章

纺织原料与工具

敦煌位于丝绸之路的要道之上，不仅有东来西往的纺织品经过这里或是留在这里，同时，敦煌本地也有丝绸纺织生产。敦煌文书大谷 2836号《周长安三年三月敦煌县录事董文彻牒》是一件沙州官吏要检校营田官督课农桑的文书：

其桑麻累年劝种，百姓并足自供。望请检校营田官，便即月别点阅萦子及布。城内县官自巡，如有一家不缉绩者，罚一回车驮远使①。

该文书反映了初唐敦煌已有栽桑养蚕、艺麻缉绩之风，但可能麻多于桑，故文书中以缉绩为例。晚唐河西节度使张议潮及其侄儿张淮深经营河西，使当地的蚕桑和纺织生产都有了很大的发展。一首作于张议潮收复敦煌之后、作者佚名的诗《敦煌》生动地描述了当时当地的桑麻生产景象：

万顷平田四畔沙，汉朝城垒属蕃家。歌谣再复归唐国，道舞春风杨柳花。

仕女上（尚）采天宝髻，水流依旧种桑麻。雄军往往施鼙鼓，斗将徒劳猃狁夸②。

这里看到的敦煌是城内外杨柳夹道，桑麻遍野，一派宜于纺织的田园风光，说明敦煌在当时确实是一个以桑麻为主的纺织之乡。但从敦煌文献的记载和所发现的纺织品来看，敦煌的纺织原料中还有大量的棉毛织品。丝、麻、棉、毛，形成了敦煌纺织品的四大基本原料。

---

① ［日］池田温著，龚泽铣译《中国古代籍帐研究》，中华书局，2007 年，第 199 页。
② 徐俊《敦煌诗集残卷辑考》，中华书局，2000 年，第 655 页。

第一节

麻　布

麻类纤维是我国使用最早且范围最广的纺织原料，但其种类甚多，汉唐期间最为常用的是大麻和苎麻。

大麻（Cannabis sativa L.）属于桑科的一年生草本植物。历史上我国大麻纤维使用的主要范围为除东南沿海之外的广大地区，其织物称为布。新疆吐鲁番地区曾出土过不少唐代麻布（60TAM340），其上有“澧州（今湖南澧县）慈利县让德乡永乐里住户主田元卿调布一端”之字样，说明它来自我国的中南地区[①]。敦煌文书S.6537《放妻书样文》有“女寒绩麻”之语，说明在敦煌本地可能也有大麻的种植。

苎麻（Boehmeria nivea）又名野麻，属荨麻科，是一种南方传统的纺织原料。用苎麻织出来的产品应该称为纻，但通常也可以称为布。新疆吐鲁番也出土过两块分别写有“婺州兰溪县脚布”和“宣州溧阳县调布”字样的织物，通过测试，其各项指标均与现代的苎麻非常接近，因此推测其为苎麻织物[②]。

---

① 王炳华《吐鲁番出土唐代庸调布研究》，《文物》1981年第1期，第56—62页。

② 陈维稷主编《中国纺织科学技术史》（古代部分），科学出版社，1984年，第382页。

敦煌文书中有着大量关于布的记载，大部分指的都是大麻织物。其中的官布和赀布出现的频率最高，这应该就是唐朝官方作为税收征得的织物，来自内地。此外布名还有细布（S.6233）、白净布（S.2041）、生布(P.5003)、八综布［P.2583（2）］、庭子布（S.5972）、土布（S.1398）等，从字面上很难区分是指何种麻类织物。文献中提到最多的是官布，一般的理解，官布可能是当时通过内地庸调而得到的麻布，由屯边的士兵带到敦煌一带。但学者们对此也有争论，指官布有可能是棉布，也有可能是指毛织品。

在实物分析中，大麻和苎麻的特性也很难区别。我们对现藏吉美博物馆中编号为 MG.26748 和 MG.26771 的两件麻布残片的纱线分别进行了截面和纵向观察，发现前者的截面呈很尖的锐角三角形，三角形处有大量的裂纹，反映了纤维的硬化和发脆[①]；而后者的截面三角形较钝较小一些，三角形内有较为完整和明显的中空。将其与现存的大麻和苎麻纤维加以比较，这两种都应该是麻的结构（图 2–1）。

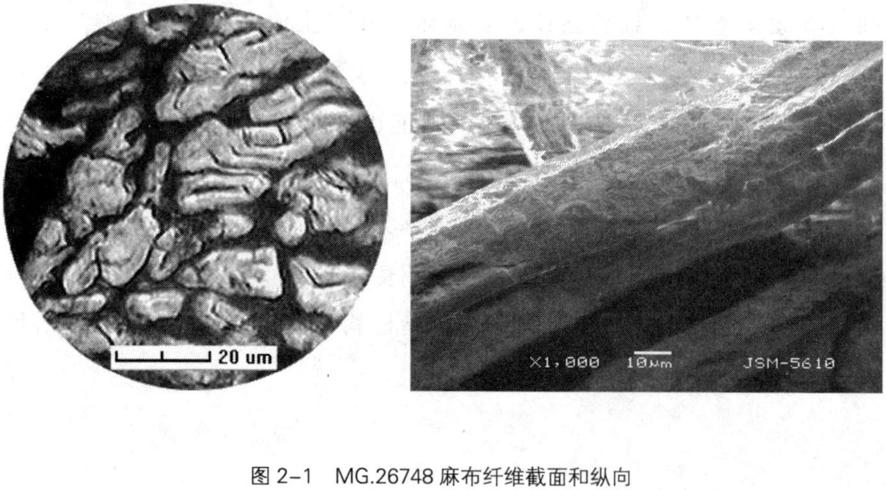

图 2–1　MG.26748 麻布纤维截面和纵向

① 赵丰主编《敦煌丝绸艺术全集·法藏卷》，东华大学出版社，2010 年，第 38 页。

第二节

白 緤

棉花是锦葵科棉属作物，其中用于纺织的是一年生的草本棉，古称白叠，主要分布在我国西北地区。《梁书·西北诸戎传》载：高昌一带有“草，实如茧，茧中丝如细纩，名为白叠子。国人多取织以为布”[①]，这种白叠子就是棉花。唐代的吐鲁番文书中多次出现过当时农民自己耕种或请人代种棉花的记载，说明了在新疆一带棉花栽培和棉纺织业的普及[②]。敦煌文书中也多次出现了安西緤［P.2992（2）、P.3985］之名称，安西即唐朝所设安西都护府，其治所在新疆吐鲁番和库车一带变化，但其辖地包括整个新疆地区以及部分中亚地区。安西緤以地名命名，最有可能是指来自新疆吐鲁番和库车一带的棉织品。

敦煌文书中关于棉织物的记载特别多，其名称除大量出现的緤和白緤之外，还有粗緤［P.2032（2）、P.2049］、细叠［S.2325（2）、S.4470（2）］、立机细緤［S.4504（7）］、立机緤（P.3627）。棉织品一般均是平织，这里的粗緤和细緤只是说明织物的粗糙和精细程度，立机緤所指的是人们用西北地区较为流行的立机织造的棉布。

---

① 《梁书》卷五四《西北诸戎传》。

② 沙比提《从考古发掘资料看新疆古代的棉花种植和纺织》，《文物》1973 年第 10 期，第 48—51 页。

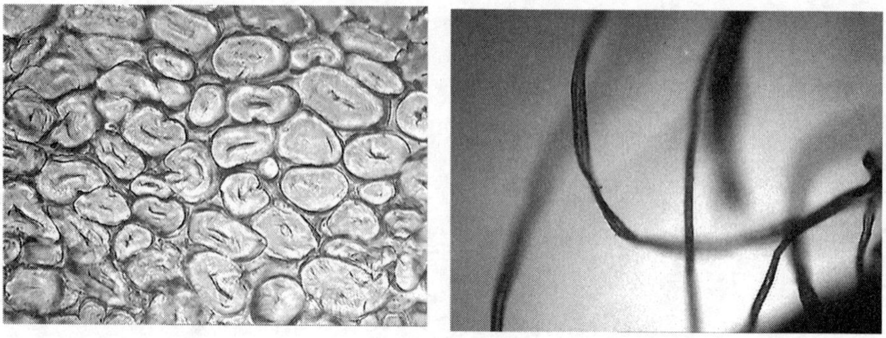

图 2–2　MG.17790 纤维截面电镜照片和纤维纵向纤维照片

在法藏敦煌纺织品中，我们也对部分棉织物进行了截面测试，如对 MG.17790 莲座佛像棉布幡面的经线和纬线进行了测试，发现其纤维截面均呈椭圆形，不规则。可以判定，两者都是棉(图 2–2)。MG.26777 是一块褐色的棉布残片，其经线为浅褐色，纬线为深褐色，其鉴定结果也都是棉(图 2–3)。

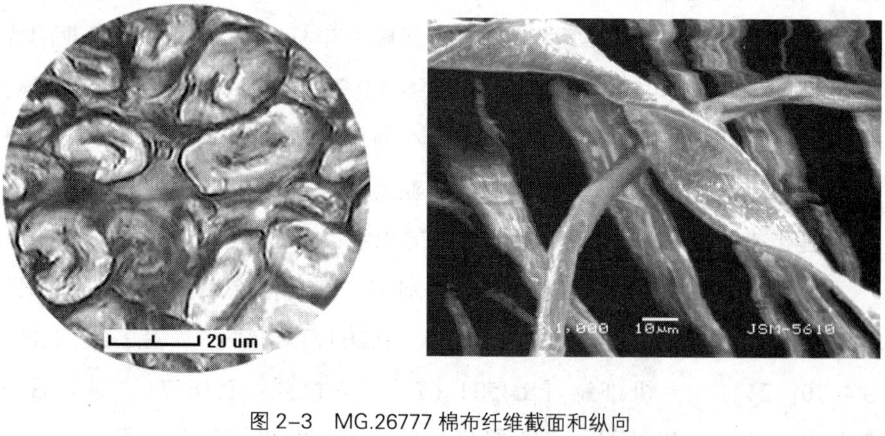

图 2–3　MG.26777 棉布纤维截面和纵向

虽然我们可以明确地知道，敦煌的棉织品中肯定有来自安西的产品，但至于敦煌本地是否已经种植棉花并有棉纺织业，学界却有着不同的看法。从地理位置来看，敦煌毗邻吐鲁番，两地自然环境和气候条件基本相同，都是靠雪山融化的雪水进行农业灌溉，同样都是干旱少雨。而且，敦煌与高昌地区的居民人口也几乎同宗同源，基本上都是十六国至唐代从敦煌及河西其他地区迁徙而至的，特别是唐代在西州地区任职的人员中很多是敦煌人。所以，郑炳林教授认为：归义军政权以250亩或300亩土地面积征收一匹棉布，名之为官布，所以，晚唐五代时期敦煌地区已经开始种植棉花[①]。但是，刘进宝又对郑炳林的看法提出质疑，认为官布就是官府征收的布，不仅棉布称官布，麻布、褐布等都可以称为官布，以此证实归义军政权征收的官布不是棉布而是麻布或者褐布[②]。后来，郑炳林又就刘进宝论文中提出晚唐五代敦煌地区的緤是毛织品、官布中有褐类官布、官布为入官之布等问题进行了辩驳[③]。辩论的焦点，是官布的原料是棉还是毛或是麻。

刘进宝根据《晋书·刘隗传》、《南齐书·王敬则传》认为官布是上缴官府之布，即入官之布，既可以指麻布，也可以指棉布、毛布。晚唐五代敦煌地区官布的含义显然与中原地区官布之含义有所不同，显然刘进宝先生对此没有给予足够的重视。但是，郑炳林认为，由于敦煌文书中出现大量的緤破类统计中都不时地出现官布的内容，所以，緤和官布的材质应该是一样的。如P.2032《后晋时代净土寺诸色入破历算会稿》记载有緤破类织物共9匹225尺，其中8匹就是官布。P.2040《后晋时期净土寺诸色入破历算会稿》记载緤破类的51匹官布、各类緤共“计一仟一百七十五尺”，其中官布为23匹。P.3763《年代不明（10世纪中期）净土寺诸色入破历算会稿》记载緤入类有“计緤八百一十三尺”，

---

① 郑炳林《晚唐五代敦煌地区种植棉花研究》，《中国史研究》1999年第3期，第83—95页；郑炳林、杨富学《敦煌西域出土回鹘文文献所载qunbu与汉文文献所见官布研究》，《敦煌归义军史专题研究续编》，兰州大学出版社，2003年，第381—394页。

② 刘进宝《唐五代敦煌棉花种植研究——兼论棉花从西域传入内地的问题》，《历史研究》2004年第6期，第27—40页。

③ 郑炳林《晚唐五代敦煌种植棉花辨析——兼答刘进宝先生》，《历史研究》2005年第5期，第175—178页。

其中官布 17 匹 1 丈 7 尺。郑炳林认为，只有緤入緤破类有官布，其他类如布（土布）、褐类都没有记载有官布，表明官布与緤属于同一质地的棉布。而最能说明问题的是 P.3234《年代不明（10 世纪中期）诸色入破历算会稿》，在布破类将“官布一匹乾元寺写钟人事用”，发现入错类后马上划去，又记入緤破类，说明官布不是麻布而是緤布。另一条 P.2846《甲寅年（945）都僧政愿清交割讲下所施麦粟麻豆等破除见在历》之记载从另一个角度说明了官布就是棉布，因为这里的布匹中土布和官緤同时出现，由于土布无疑是麻布，官緤应该就是棉布。但是，刘进宝认为褐布也可以称官布的依据主要是 P.4887《己卯年八月廿四日袁僧定弟亡纳赠历》的记载：“阎苟儿官布昌褐内接三丈”。在这一文书中，其他所有的织物都是毛织物褐，那么，官布应该就是褐的一种。其实，郑、刘两人的思维方式是一致的，所以，很难用一个例子去否定另一个例子。

不过，我们确实没有在唐代或五代敦煌的文书中找到明确的关于种植棉花的信息，只能说，敦煌存在过的纺织品中有各种棉织品，其中最为有名的是安西緤，当然也有一般的粗緤和细緤，也有用织机的形状命名的立机緤。不过，立机之形象似乎只是出现在敦煌地区，但这仍然不能肯定敦煌已有了棉花种植，因为敦煌地区可以从安西采购棉线来进行织造。

第三节

毛褐和毡毯

稽古溯源，很多学者称甘肃之毛纺织业起自秦汉，此地自古就有“拈毛成线，织褐为衣”之说。唐宋以来，河西一带的毛纺织业空前发展。《新唐书·地理志》有“凉州贡毯”之说；《金史》卷一三四记述宋、西夏时，瓜、沙、甘、凉一带“畜牧甲天下”，毛、褐、毡、毯技艺之精，顺理成章。敦煌文书 S.542《敦煌诸寺丁壮眷属名簿》中在寺院从事十多种生产活动的一些人名下注有“放（纺）羊毛半斤”之记载，显然这些寺户家属要给寺院纺捻毛线[①]。据敦煌文书可知，敦煌本地还有褐袋匠、毡博士等名称，都是当地毛纺织业的实例。

关于敦煌的毛织品种类，敦煌文书中提及了很多种类，其中最为常见的是褐。文书 P.2482《乙酉年正月廿九日孔来儿身故纳赠历》中提到大量褐的名称，其中有紫褐、生褐、绯褐、白褐等；文书 P.4887《己卯年八月廿四日袁僧定弟亡纳赠历》中则提到白斜褐、白昌褐、斜褐、淡青褐、白细褐、淘花斜褐等。在这些名称中，紫、绯、白、淡青、青等应该是色彩名，而斜褐、昌褐、生褐、细褐指的应该是不同品种的毛褐。斜褐是用斜纹织成的毛织物，生褐可能是用较生硬的毛线织成的毛

---

① 王进玉、赵丰《敦煌文物中的纺织技艺》，《敦煌研究》1989 年第 4 期，第 100 页。

织物，细褐是用较为细软的毛线织成的毛织物，昌褐一时无法解释，但特别应该指出的是淘花斜褐很有可能是用不同花色的毛线混纺而成的毛织物。

以羊毛为原料生产的还有毡。毡是将动物的毛经湿、热、挤压而制成块片状的毛纺织品。文书 S.1776《后周显德五年某寺法律尼戒性等交割常住什物点检历状》中的“毡褥条”中所记载的大量毡均属于毛纺织品，其名有白方毡、白毡、花毡、青花毡等，可见敦煌毡的品种之丰富。

敦煌藏经洞保存的纺织品实物中未见整块的毛织物，但发现了一些毛纺而成的线，如 MG.26741 一组幡带上所缝系的红线，以两根加有强 Z 捻的红色毛线再合成一根股线，其截面为十分均匀的圆形，其纵向带有明显的鳞片状，显然是用毛纤维纺成的（图 2–4）。但是，在莫高窟北区出土的纺织品残片中，却有大量的毛织品发现，其中有不少条纹的毛织物①，根据当时的命名法可以称其为罽。

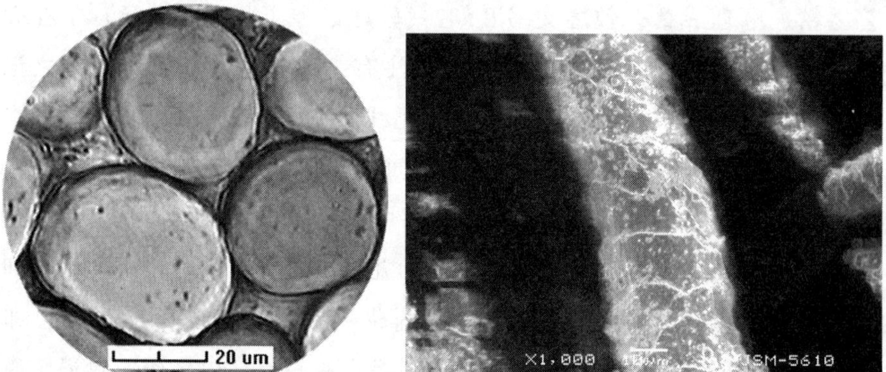

图 2–4　MG.26741 毛线纤维截面和纵向

① 如莫高窟北区第 43 窟发现的彩条毛织物（B43:20）和第 52 窟发现的褐色条纹毛织物（B52 乙:15），参见彭金章、王建军《敦煌莫高窟北区石窟》第 1 卷，文物出版社，2000 年，图 7 和图 15。

第四节

普通丝织品

当然，敦煌纺织品中数量最大的是丝织品，丝绸之路上出土的汉唐织物中数量最大的也是丝织品。西北地区植桑养蚕的历史很早。《晋书·张轨附张天锡传》记载了前凉时割据武威称王的张天锡大夸当地“桑椹甘甜”，蚕丝显然是当地的主要纺织原料之一。嘉峪关魏晋墓画像砖就绘有采桑和织帛的壁画。唐开成四年（839）的《大蕃故敦煌郡莫高窟阴处士公修功德记》，记载了敦煌世家豪族阴嘉政不仅拥有大量的土地、众多的牧畜，而且有“山庄四所，桑杏万株”。安西榆林窟第20窟遗存的一份北宋太宗年间（988）的发愿文，文中也说当时“蚕田善熟”。以上资料均具体反映了古代河西地区的桑蚕业生产。写于933年的《长兴四年中兴殿应圣节讲经文》中有一首民歌，专咏蚕桑事，也可以看作是对敦煌当地的蚕桑生产的描写：“蚕家辛苦尚难裁，终日何曾近镜台；叶似蝇头未得大，蚕如蚁脚养将来。半罗茧就新蝉叫，一络丝成旧债催”。吐蕃统治河西时期统治者把敦煌县的13个乡改为若干部落，其中就有“丝绵部落”，可能也是以生产丝绸为特长的部落。

敦煌保存的丝织品中一般以平纹绢为多，我们有幸对吉美博物馆所藏若干敦煌丝纤维进行了截面观察。对其中的一些散落的残片取样进行了测试，发现其截面均为均匀的钝三角形，其纵向也很平滑，测得一根

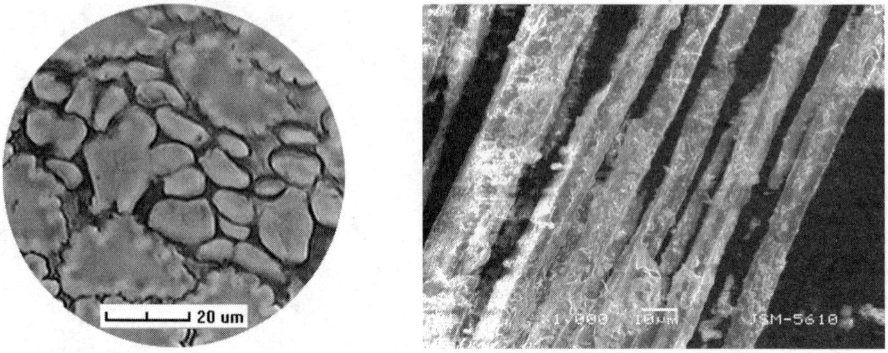

图 2–5　平纹绢纤维截面和纵向

丝中有 26—28 个三角形，也就是说这里的一根生丝很可能就是由 13—14 颗茧子缫成的（图 2–5）。此外一些提花织物也是如此，如 MG.26774 褐地朵花纹花绫，其褐色经线和白色纬线均为蚕丝，截面相似，但作为经线的褐丝单根由 12 颗茧子缫成，而作为纬线的白线则由大量的丝线并丝而成。EO.1201 是团窠葡萄立凤纹锦，其丝线也是特别均匀的钝三角形，其丝线的质量似乎好于其他丝织物。

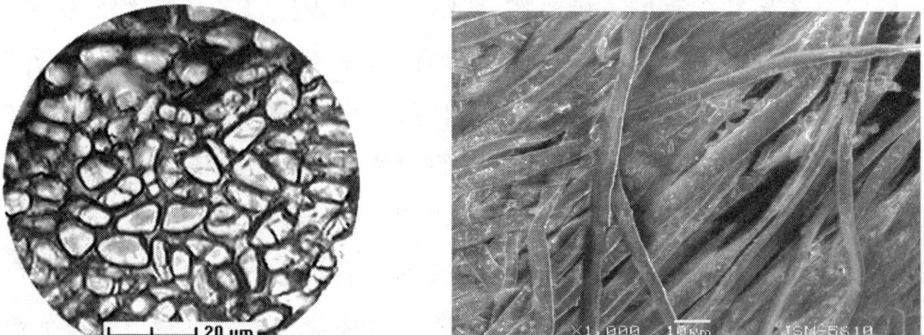

图 2–6　MG.26743 紫绵绫纤维截面和纵向

但是，MG.26743 是一种紫绵绫，经纬丝线均加有极强的 Z 捻，应该是由丝线纺织而成，其截面也有着同样的规律，一根单丝中的蚕丝数量极大，几近百根，各蚕丝的截面之间大小不一，很不均匀，中间有一圆截面，可能是混入的羊毛，这也说明了这种丝线在制作时采用了与毛纺相同的工艺技术（图 2–6），这很有可能是西北当地生产的蚕丝。

第五节

纺织机具

敦煌发现的纺织机具有纺车、织机两大部分。尽管出土的唐代前后的纺织品品种丰富多彩，但有关纺织机具的考古及文献资料却相对较少。敦煌发现的机具资料可以弥补这方面的不足，但是这些机具应该主要是在河西走廊一带使用的。

一、纺车

莫高窟五代的第 6 窟北壁和第 98 窟北壁的《华严经变》中各描绘了一架纺车，样式大同小异。第 98 窟的纺车包括车架、绳轮和装纺锭的锭盘（锭架）。车架似有透视上的问题，中间一木应为着地的木架。竖木应是要装轮轴的，绳轮是木制的。竖木顶上装有木制弧形的锭盘，上有两个置锭孔。第 6 窟的纺车亦有车架和绳轮，绳轮也是木制的，轮轴上有手摇曲柄。车架两竖木顶上未绘锭盘，但用线状物相连，可能是安放锭子的装置。两图各有不明之处，但综合起来看，这是一种二锭的手摇纺车。

手摇纺车在我国起源于汉代或更早，但唐以前并无多锭纺车的实物图像史料。敦煌壁画中的二锭手摇纺车或许是我国最早的多锭纺车的图像资料。

二、织机

从文献史料看，我国古代的织机有三大类：一是无机架的织机，有人称其为地机或原始腰机；二是有机架踏板的平素织机，如竖机、素机之类；三是提花机。敦煌的资料中对这三类织机均有所反映。

原始腰机是东方最原始的一种织机。莫高窟元代第465窟绘有一幅织布图，上有汉藏两种文字对书的榜题“织布师”。织布师半跪踞在地，腰间束物与布相连，一手按在经面，一手拿着梭子，在投梭织布。经线固定在两竖木之间，织面上横置一物，应为综片。此图虽然反映的是元代的史实，但事实上这种织机是十分古老和原始的。

莫高窟第98窟北壁《华严经变》中还绘有一架织机，绘得相当简单，有许多不明之处，但从基本形制来看，可以确认为是一架脚踏式立机。

立机又称竖机或立机子。在世界纺织史上，竖机出现甚早，但与敦煌的立机区别较大。西方的早期竖机主要有两种形制：一种是重锤式织机，另一种是双经轴织机，两者均无脚踏板，靠手提综织制成织物。而中国传统的织机是脚踏式的斜织机，从东汉画像石来看，这些斜织机的倾斜度已接近垂直。故完全有理由认为，敦煌所绘的脚踏式立机继承了我国传统的斜织机的特征，一直到宋元明清，历代均有立机的图像，而且在元代《梓人遗制》中也是称其为立机子。

敦煌文书中也有不少关于立机的记载。这些文献大多是唐和五代时期的写本，最早的是P.2032（2）《净土寺食物等品出入帐》多次提到立机。结合其他文献可知文书所载的立机有两个特点：一是立机同时用作织物名称，又可写作立居［S.4332（2）］，一匹立机的长度约为2丈5尺（P.3453）；二是立机多织緤，即棉织品，但亦有粗细之分。所以，立机应是晚唐及五代时期敦煌地区织棉布的一种平素织机，用这种织机织出的棉布也可称为立机。但立机所织的棉织品与一般棉织品究竟有什么区别还有待于进一步研究。

敦煌文书中用织机来指代织物的还有楼机。立机一般用以名緤，楼机则多名绫，是专门用于织制提花丝织品的提花机。由中国织机的发展历史可知，楼机当是高楼束综提花机。有人认为，高楼束综提花机最早出现在东汉，有王逸《机妇赋》之“高楼双峙”句可证，但事实上，楼机在唐以前起码应用不广或与后世之织机有所不同。现存最早的高楼束综提花机图像是南宋吴皇后题注本的《蚕织图》，上面画的正是一架有高楼的绫机。从各方面情况来分析，这种织机在唐代已用于江南。所以可以这样认为，高楼束综提花机是随着大花纹绫的西传而逐渐西传的，至少在五代时敦煌一带的人们已经了解了楼机。

敦煌文书有关楼机绫者共五件，时代均在五代与宋代。如文书 P. 2638 载“楼机绫一匹，寄比于阗皇后用”；S.5463（2）上也有“楼机一匹”的记载，可知楼机亦可作为楼机绫的简称，且为高档丝织品。

第三章

织花丝绸

敦煌发现的丝织物品种非常丰富，几乎囊括了当时所有的丝织物品种，包括绢、绫、绮、纱、罗、锦、妆花和缂丝等。这些织物主要可以分为两大类：单色织物和彩色织物。单色织物的经纬线色彩相同，其组织结构较为简单，有素织物和暗花织物两大类，前者有绢、纯、素绫、素纱和素罗，后者则有绮、暗花绫、暗花纱和暗花罗等不同的品种；彩色织物是指先将丝线染色，继而进行织造的织物，其通常采用较为复杂的组织结构或工艺，具有两种以上的色彩，包括锦、妆花、缂丝及色织绫等。

素织物结构简单，其中以绢最为常见。藏经洞发现的绢除了大量的单色绢和夹缬绢残片外，还有用绢做材料而缝制的幡、伞、经帙等佛教用品。其他有图案的丝织品既包括暗花织物，也包括彩色织物。

第一节
织　锦

锦是一种重组织结构熟织物，丝线先染后织，通过织物结构的变化，呈现变化的色彩和图案。“锦”一词在史料中记载很多，早在《诗经·卫风·硕人》中就有“硕人其颀，衣锦褧衣”的诗句①。在中国古代，锦是一种非常贵重的丝织物，“作之用功重，其价如金，故字从金帛”。敦煌文书中多次出现锦的记载，有以色彩命名的红锦（P.2680）、白锦（P.2583），也有以图案命名的莲花锦（P.2040）等。而敦煌发现的锦的图案和色彩远比文书中的记载丰富，其组织结构也各有不同。敦煌发现的锦的组织结构主要有经锦、纬锦、双层锦和双面锦。

一、经锦

敦煌发现的经锦包括平纹经锦和斜纹经锦两类。在中国古代平纹经锦出现得最早，战国时期的墓葬中已有出土②，以经线显花，采用1/1平纹经重组织织造。敦煌发现的平纹经锦数量并不多，典型的有北朝时期的红地楼堞龙凤纹锦幡头（MAS.926），其经线为红、白两色，互为

---

① 郑荃注《诗经·国风译注》，宝文堂书店，1986年，第177页。

② 湖北江陵马山楚墓中出土有舞人动物纹锦，平纹经二重，经线三色，分区换色。荆州地区博物馆《江陵马山一号楚墓》，文物出版社，1985年，第41—42页。

图 3-1　红地楼堞龙凤纹锦

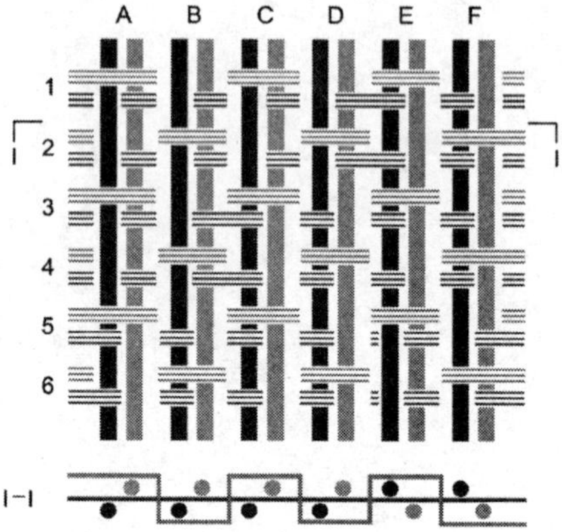

图 3-2　红地楼堞龙凤纹锦结构图

花地（图3-1、图 3-2）[①]。莫高窟北区出土的一件百衲织物（B222:10）中也有一块平纹经锦，在对波纹的骨架中填以对鸟等图案，年代为北朝晚期到隋代之间[②]。

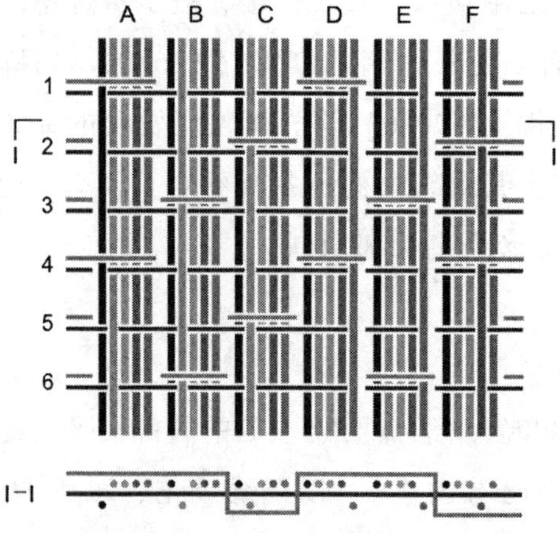

图 3-3　蓝地花卉纹锦结构图

约在隋代前后，平纹经锦渐渐地被斜纹经锦所取代。斜纹经锦多采用三枚斜纹经重组织，如米色地宝花纹锦（MAS.919）和蓝地花卉纹锦（MAS.925）等均是以 2/1 斜纹经重组织织造（图 3-3）[③]。与平纹经锦相比，斜纹经锦在技术上的区别只是增加了一片地综，但它却是一种从经锦向纬锦过渡的类型。

① 赵丰主编《敦煌丝绸艺术全集·英藏卷》，东华大学出版社，2007 年，第 120 页。

② 彭金章、王建军《敦煌莫高窟北区石窟》第 1、2、3 卷，文物出版社，2004 年 7 月，图 25。

③ 赵丰主编《敦煌丝绸艺术全集·英藏卷》，第 121—122 页。

二、纬锦

敦煌发现的锦中纬锦占了大多数，包括平纹纬锦和斜纹纬锦。平纹纬锦指的是平纹纬二重织物，绿地纬锦（L:S.324）采用的就是这种组织结构（图3–4）①。敦煌发现的纬锦以斜纹纬锦最为丰富。从现有的考古资料看，最早的斜纹纬锦出现于唐代早期，到中晚唐时已基本取代了经锦而成为占主导地位的锦类织物。几乎所有的斜纹纬锦都是三枚斜纹锦，其基本组织都是斜纹纬二重，即由一组明经和一组夹经与纬线以斜纹规律进行交织。

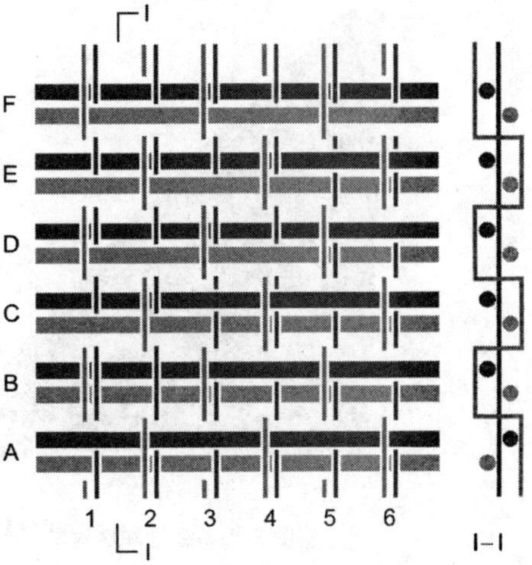

图3–4 绿地纬锦结构图

根据明经的交织规律，敦煌发现的斜纹纬锦也可以分为两类：一类明经只在纬线的表面按斜纹交织规律进行固结，其组织以 1/2 斜纹纬重组织为主，织物正面为纬面组织而反面为经面组织，我们称之为全明经型纬锦；另一类明经在一斜纹循环中只在织物表面和反面各出现一次，形成对纹纬的固结，而另一组织点处却插在表纬之下、底纬之上，与夹经的位置相同，织物两面均为纬面效果的 1/2 斜纹纬重组织，我们称其为半明经型斜纹纬锦。

全明经型纬锦中有一种三枚斜纹纬锦的经线加有强烈的 Z 捻，通常由 2—3 根丝线并列而成，纬线平直且较粗。图案通常只有纬向循环而无经向循环，图案的勾边通常以二纬二经为单位。从织物结构和图案来看，此类纬锦具有中亚地区传统的织锦风格。如团窠尖瓣对狮纹锦（MAS.858）、红地联珠对羊对鸟纹锦（MAS.862）等（图 3–5、图 3–6）②，通

① 赵丰主编《敦煌丝绸艺术全集·英藏卷》，第 267 页。

② 赵丰主编《敦煌丝绸艺术全集·英藏卷》，第 128 页。

图 3–5 红地联珠对羊对鸟纹锦

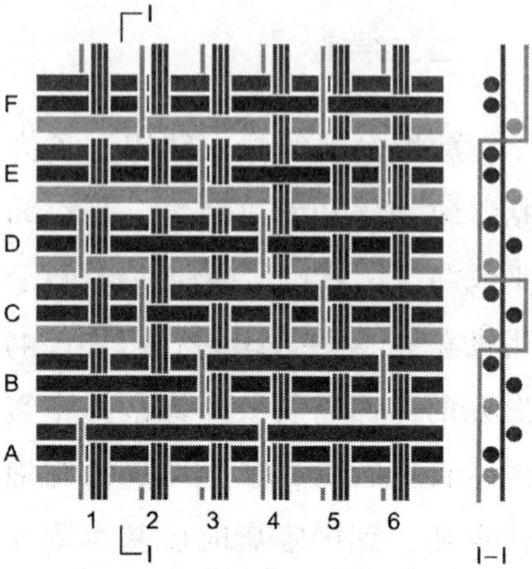

图 3–6 红地联珠对羊对鸟纹锦结构图

常我们把此类锦归为中亚系统织锦。另一种纬锦则具有明显的唐代特色，主要来自中原，图案以宝花、花鸟图案为主，经线无捻或 S 捻。如收藏于吉美博物馆的紫地宝花纹锦（EO.1193/I），1/2S 斜纹纬重组织，经线无捻，单根排列①。

大约从晚唐开始，斜纹纬锦的基本组织结构和织造技术有了极大的变化，半明经型斜纹纬锦开始出现，因为此类实物大量出自辽代，也被称为辽式斜纹纬锦②。红地飞雁纹锦（MAS.920.a-b），1/2Z 斜纹辽式纬重组织（图 3–7、图 3–8），图案为四只大雁围绕一蓝色环形图案飞翔，各组飞雁之间以十字花装饰。此类四雁相对而飞的图案在辽代十分流行。敦煌发现的辽式纬锦除了斜纹纬锦以外，还有缎纹纬锦。如蓝地小花纹锦幡头斜边（L:S.659），采用五枚缎纹为基本固结组织。它的明经在五枚循环之中一次在织物表面，一次在反面，还有三次与夹经同在纬线中间。相对于辽式斜纹纬锦这个名称，全明经型纬锦往往也被称为标准斜纹纬锦或唐式纬锦。

---

① 赵丰主编《敦煌丝绸艺术全集·法藏卷》，东华大学出版社，2010 年，第 164 页。

② 赵丰《辽代丝绸》，沐文堂，2004 年，第 33 页。

图 3-7　红地飞雁纹锦

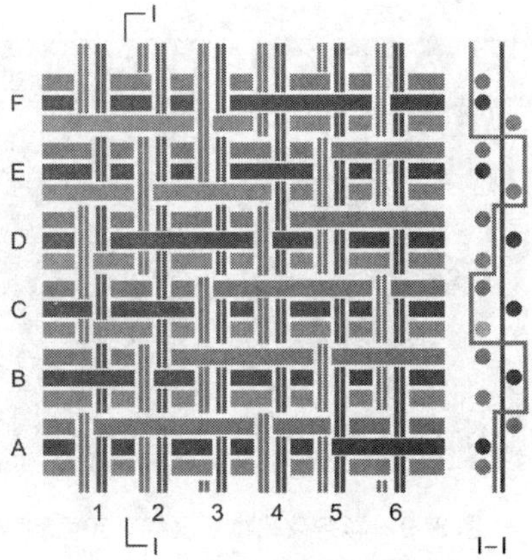

图 3-8　红地飞雁纹锦结构图

三、双层锦和双面锦

双层锦在织造时使用两组经线和纬线，通过表里换层，形成正反图案相同但色彩相异的双层组织。如彩条朵花纹锦（MAS.924、L:S.651），经线两组（白色的甲经和浅棕色的乙经）、纬线两组（白色的甲纬和浅棕、黄、蓝、绿分区换色的乙纬），在织造时，甲经与甲纬、乙经与乙纬分别以 1/1 平纹组织交织，在局部形成空心袋状结构。乙纬的分区换色处理使织物表面的色彩变化更为丰富，其结果是正面以彩色纬线形成的条纹作地，其上点缀有两列不同类型的白色朵花图案，背面则是白地上缀以彩条朵花（图 3-9、图3-10）①。除此以外，MAS.856 百衲上也缝有一块蓝绿地白色朵花双层锦。

早在战国及秦汉时期中原地区就已出现使用双层组织进行斜编的丝织物，在我国西北地区汉魏时期的毛织物上也发现有双层组织，但双层丝织品大量出现则是在唐代。目前所知最早的实例是吐鲁番阿斯塔那 206 号墓出土的菱形网格填花双面锦，墓中还出土了永昌元年(689) 和延寿

① 赵丰主编《敦煌丝绸艺术全集·英藏卷》，第 152—153 页。

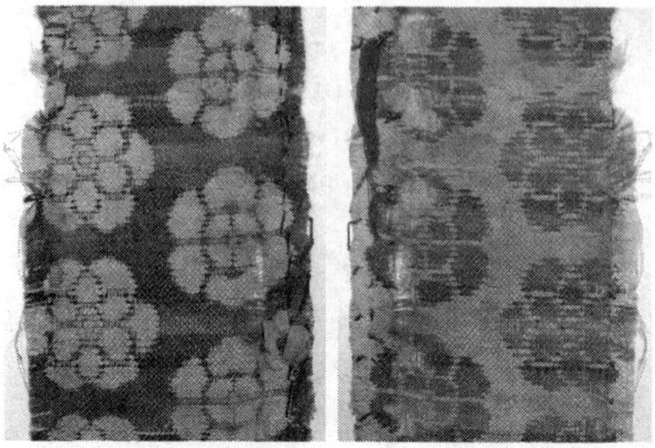

图 3-9　彩条朵花纹双层锦之正面和背面

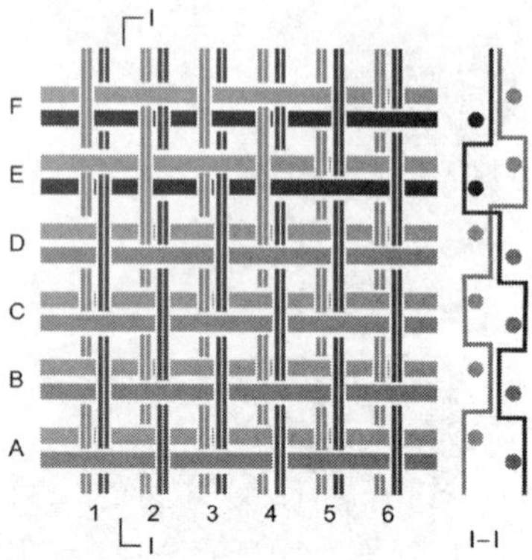

图 3-10　彩条朵花纹双层锦结构图

十年（633）两块墓志[1]。另一件实例是吐鲁番阿斯塔那 187 号墓出土的白地朵花双层锦，墓中同时出土了天宝三载（744）之文书，其组织结构、团花造型等与敦煌所出者十分相似，只是色彩有较大区别而已[2]。因此，我们认为藏经洞发现的这件彩条朵花纹锦也很有可能是盛唐时期的产品。

与双层锦不同的是，双面锦仅使用一组经线和两组不同颜色的纬线以双面组织交织，最后形成正反面色彩或图案不一的织物效果。敦煌发现的双面锦有绿地树叶纹双面锦幡面（L:S.325）和大花卉纹双面锦幡面（L:S.637）。两者都是使用一组经线分别与两组色彩不同的纬线以 1/5S 斜纹双面纬重组织交织，形成正反面同图案但花和地色彩互换的效果(图 3-11)。

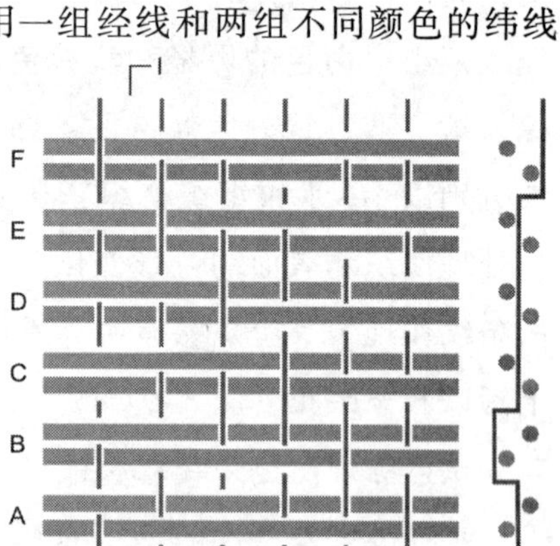

图 3-11　绿地树叶纹双面锦结构图

① 中国新疆维吾尔自治区博物馆、日本奈良丝绸之路学研究中心《吐鲁番地域与出土绢织物》，2000 年，图 94。

② 中国新疆维吾尔自治区博物馆、日本奈良丝绸之路学研究中心《吐鲁番地域与出土绢织物》，2000 年，图 91。

第二节

绫绮

在敦煌发现的丝织物中，单层织物占了绝大部分，其中绢是最为常见的一种平纹类素织物，数量大但结构简单；绫和绮的数量仅次于绢，是一种结构变化比较丰富的斜纹单层织物。

一、敦煌发现的绫织物

绫是一种斜纹织物，以暗花绫最为常见。所谓暗花绫是指用同色经纬线织成的一种斜纹地上起斜纹花的丝织物，通过经纬组织枚数和斜向、浮面中的一个或多个要素的不同来显花。“绫”的名称常见于魏晋时期的史料之中，成书于西晋时期的《西京杂记》中记载：“(汉）霍光妻遗淳于衍蒲桃锦二十四匹，散花绫二十五匹，绫出巨鹿陈宝光家，宝光妻传其法，霍显召入其第，使作之。机用一百二十蹑，六十日成匹，匹直万钱。”从这段文字中我们可以看出，汉代已经有绫的生产，有的绫机结构复杂，用其所织造的“散花绫”费工耗时，不仅稀罕且价格昂贵。

绫约在魏晋时期开始在我国流行。至唐代，绫织物的生产和使用进入全盛时期，除官府织染署中设有专门的绫作坊外，各地进贡的丝织品中也占了很大的比重。据《通典》记载，唐天宝年间北海郡、汝南郡、鲁郡、博陵郡、广陵郡、江陵郡、会稽郡等16个郡均上贡绫织物[①]，各产丝区遍布全国各地，其中又以河北定州、河南蔡州及江南一带为绫的主要产区。

敦煌文书中有大量绫织物的记载，除提及绫的种类和图案外，还涉及了绫的用途。文书中记载的绫用途十分广泛，主要用于服饰和佛教事物的制作。使用绫制作的服饰有褴裆（S.4609、P.2567背、P.3047）、衫（S.6050、P.2567背）、偏衫（P.3556）、袄[②]、长袖（P.2567背）、半臂（P.2567背、P.2704）、袜肚（P.2567背）、裙[③]、袴[④]、长袜[⑤]、履（P.3410）、帽（P.3410）等。还有大量的寺院佛教法器和用品也采用绫制作，主要有袈裟（P.3410、P.3556）、帔（P.3432）、裙（P.3432）、幢（P.2613）、伞[⑥]、幡额［S.2607（1–4v）、P.2613］、者舌(P.2613)、褥（P.2613）等。

敦煌文书中出现的绫的种类也很丰富，既有用织造工艺和技术特点命名的楼（机）绫、独织绫（P.3410）、绵绫（P.2638）、熟线绫（P.3547）、二色绫（P.2613）等，也有依产地而定的吴绫（P.2613）、定绫[P.4518（28）］等；更多的则是按照图案而命名的绫，如孔雀绫、白驼绫、犀牛绫（P.2680）、盘龙绫（P.2704）、龟背绫（P.2613）、独窠绫（P.2704）等。

可以说，绫是除了绢以外在敦煌文书中出现最多的丝织物品种，由

---

① （唐）杜佑《通典》卷六《食货典·赋税》(下)，中华书局，1988年，第112—131页。

② “黄小绫袄子”（P.2638），“帛绫袄子、黄绫袄子、青绫袄子”（P.2567背），“绵黄绫袄子”（P.2638），“紫盘龙绫袄子”（P.2704），“紫绵绫旋裥袄子”（P.3260），“独织紫绫壮袄子”（P.3410），“皂绫袄子”（P.3774）。

③ “绿绫裙壹”（S.4252背），“碧绫裙”（S.4609），“碧绫裙”（S.6417背），“绿绫裙”（P.3490）。

④ “帛绫袴”（P.2567背），“白独窠绫袴”（P.2704），“赤黄绫夹袴”（P.3410）。

⑤ “帛绫长袜”（P.2567背），“白绫袜”（P.3410），“白绫袜”（北图364：8444背）。

⑥ “青绣盘龙伞壹副，并骨，兼帛绵绫里”（S.1642），“青绣盘龙伞壹副兼帛绵绫里”（S.1776），“大红锦伞壹，番锦缘绿绫裙”（S.6276），“青贰色绫单伞、绯绫单伞、白绫团伞子、红绫大伞壹、紫绫伞”（P.2613）。

此我们也可得知绫在当时敦煌地区使用的广泛程度。虽然史料中“绫”这一词汇出现得很早，但对于它到底指代何种织物一直没有明确的答案。《说文》和《方言》中记载：“绫，东齐谓布帛之细者曰绫。”[①]而《释名·释采帛》对其花纹做了更进一步的描述：“绫，凌也。其文望之如冰凌之理也。”也就是说绫织物的花纹看上去像冰凌的纹理，但这些都无法说明绫的组织结构。

吐鲁番墓葬出土的衣物疏中较早大量出现“绫”的是阿斯塔那170号墓所出土的《高昌章和十三年（543）孝姿随葬衣物疏》。其中记载了一批随葬的绫织物和服饰，有绯绫袄、紫绫褶、白绫大衫、白绫少衫、黄绫裙、白绫中衣、合蠡大绫、石柱小绫[②]。但比对同墓出土的实物，这些绫都是平纹地上以四枚斜纹起花的丝织物，采用并丝织法产生斜纹效果，但并不是真正后世所谓的斜纹织物。除此以外，吐鲁番出土的一块平纹地显花的丝织物上有墨书题记“景云元年双流县折调细绫一匹”[③]，日本正仓院所藏的一件平纹地上织斜纹宝花的织物上也题有“近江国调小宝花绫一匹”[④]。由此可见，当时的绫同时包括平纹地斜纹显花和斜纹地斜纹显花的丝织物。从明确发现的考古实物来看，直至唐代，才出现真正的斜纹绫。

平纹地和斜纹地的暗花丝织物在汉唐之际非常流行，在当时，它们都应被称作绫。不过在现代考古学中往往把平纹地斜纹花的织物称为绮，而把斜纹地斜纹花的织物称为绫，日本学者则将前者称为平地绫。为了尊重考古学上的惯例，我们在此还是将平纹地的绫织物称为绮。

敦煌发现的平纹地显花织物都可以看作是用并丝织法生产出来的织物。并丝织法是指将两根或两根以上相邻的经线一起穿过同一提花综

① 许慎撰，段玉裁注《说文解字注》，上海古籍出版社，2006年，第649页。

② 唐长孺主编《吐鲁番出土文书》(一)，文物出版社，1992年，第143页。

③ 王炳华《吐鲁番出土庸调布研究》，《文物》1981年第1期，第58页。

④ 松本包夫《正仓院裂と飞鸟天平の染织》，紫紅社，1984年，第178页。

眼，在地综依次提升时，提花综总是被连续提升两次或两次以上，是2-2织法的一种衍生[①]。“并丝”这一概念首先由加布里尔·维亚尔在《吉美博物馆和法国国家图书馆所藏敦煌织物》（*Tissus de Touen-Houang*）中提出[②]，随后得到约翰·贝克（John Becker）等人的实验证实[③]；此后，又为众多研究中国古代织造技术的中国学者所接受并加以发展[④]。

最早出现的并丝织物是一类平纹地起四枚斜纹的绮，采用的是2-2并丝法，即地部平纹由地综完成，并丝穿综且具有两次相同运动规律的纬线在花部形成方平组织，并与平纹叠加得到3/1斜纹效果。如龟背小花纹绮（EO.1192D）的织物结构是在平纹地上以2-2并丝法织出3/1Z斜纹组织显花，而对波葡萄纹绮（EO.1203/D）则是在平纹地上以3/1S

图3-12　对波葡萄纹绮图案复原

图3-13　对波葡萄纹绮结构图

① 赵丰《中国丝绸艺术史》，文物出版社，2005年，第43页。

② Krishna Riboud and Gabriel Vial, *Tissus de Touen-houang conservés au Musée Guimet et la Bibliothèque Nationale, Paris*: Adrien-Maisonneuve, 1970.

③ J. Becker, B.Wagner, *Pattern and loom*, Copenhagen: Rhodos international publishers, 1987.

④ 可见徐国华《从机织原理探索我国古代织花技术的发展》（华东纺织工学院硕士论文，1982年）、袁宣萍《中国古代绫织物及其织造技术的研究》（浙江丝绸工学院硕士论文，1987年）、赵丰《中国丝绸艺术史》（文物出版社，2005年）等。

斜纹组织显花（图 3–12、图 3–13）。2–2 并丝织法还能产生六枚斜纹，这是 2–2 并丝组织按 2/1 规律排列的结果。平纹地上以 5/1Z 斜纹显花的深黄绿色绮幡带残片（L:S.414）就是此类织物的实例。

除此以外，敦煌绮织物还使用 4–4、2–4、4–2、3–3 等并丝组织块与平纹地组织配合。以 4–4 并丝法显花的有黄色菱格绮（L:S.385）、棕色菱格纹绮幡带（MAS.898）等（图 3–14、图 3–15）[①]；以 2–4 并丝法显花的有黄色龟背点花纹绮（MAS.942）、蓝色折枝花卉纹绮幡足（MAS.899）（图 3–16）等；以 4–2 并丝法显花的则有蓝色菱格纹绮（L:S.432）等。

图 3–14 棕色菱格纹绮

图 3–15 棕色菱格纹绮结构图

敦煌发现的斜纹地显花的绫包括斜纹素织物和暗花绫两类。斜纹的素织物不多，包括 5/1S 斜纹黑色素绫（L:S.464）、4/2S 斜纹白色素绫（L:S.394）以及 2/2Z 斜纹白色素绫（L:S.402）等。暗花绫则是敦煌发现绫的大宗，根据其地组织和花组织斜向的不同，这些绫可分为同向绫和异向绫。

在同向绫中以异单位异面同向绫最常见，如白色卷草纹绫（MAS.894）、

① 赵丰主编《敦煌丝绸艺术全集·英藏卷》，第 163 页。

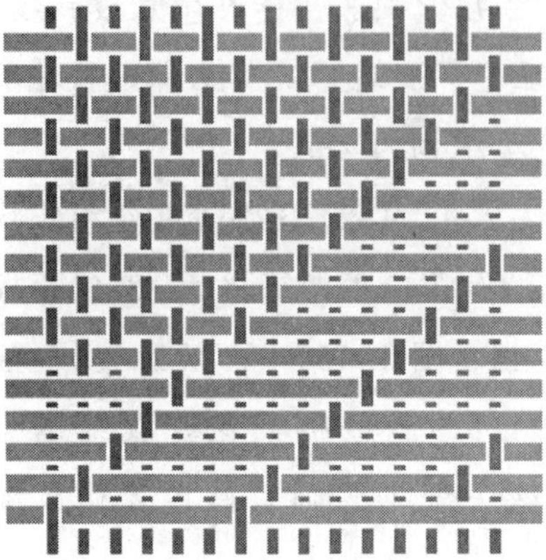

图 3–16 蓝色折枝花卉纹绮结构图

图 3–17 盘绦纹绫结构图

黄色花卉纹绫（MAS.935）、棕色绶带纹绫（EO.3662）、盘绦纹绫（EO.3652）都是以 2/1S 斜纹作地、1/5S 斜纹作花（图 3–17）。同向绫中还有一类是同单位异面同向绫，其花、地斜纹组织枚数相同，但浮面不同。如黄色几何纹绫（MAS.936），在 1/3S 斜纹地上以 3/1S 斜纹显花；黄色花卉纹二色绫（L:S.646）则以 1/5Z 斜纹为地，5/1Z 斜纹起花（图 3–18、图3–19）①。

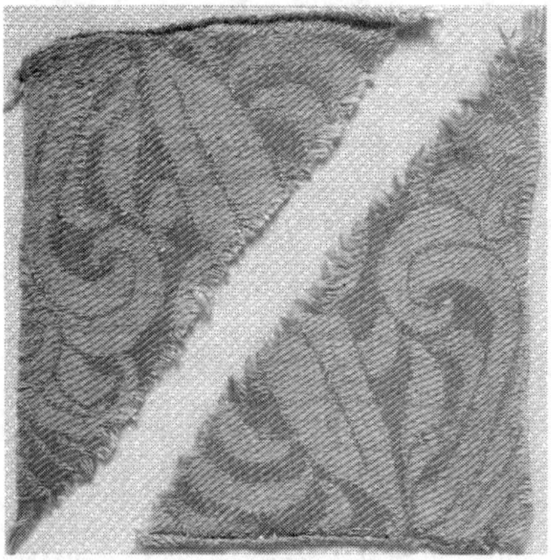

图 3–18 黄色花卉纹二色绫

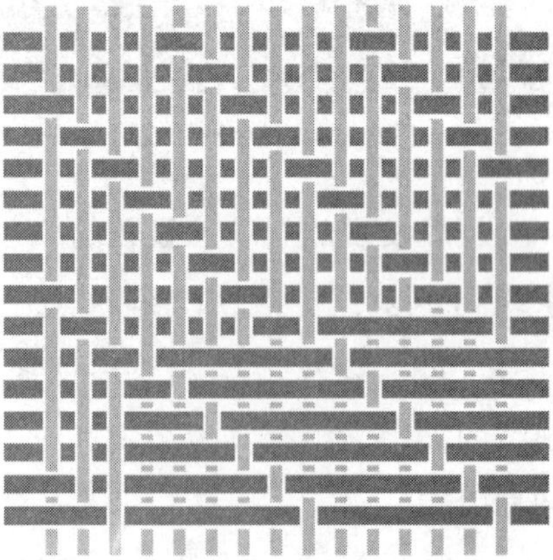

图 3–19 黄色花卉纹二色绫结构图

① 赵丰主编《敦煌丝绸艺术全集·英藏卷》，第 150 页。

敦煌发现的异向绫大多数为同单位异面异向绫。四枚异向绫是出现最早的一种斜纹暗花织物，如蓝色龟背纹绫（MAS.895）(图 3–20、图 3–21）和蓝色几何纹绫(EO.3652/B）等均是采用 3/1Z 斜纹作地、1/3S 斜纹显花①。异单位异面异向绫数量很少，目前仅见黄色花叶纹绫（MAS.890)，以 2/1S 斜纹作地、1/5 破斜纹显花，其地部和花部的单位、浮面和斜向均不同。

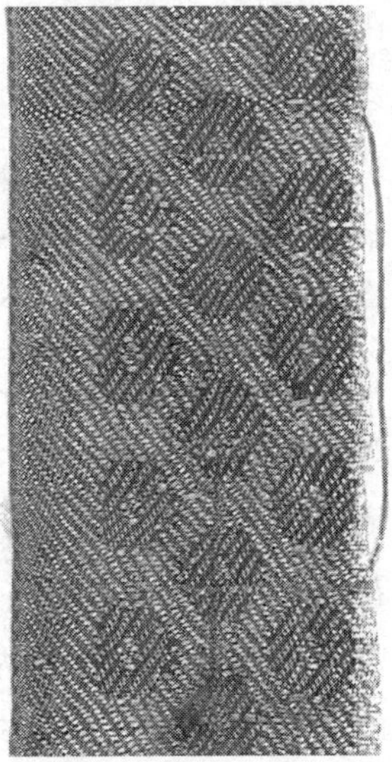

图 3–20　蓝色龟背纹绫

二、楼机和楼机绫

唐代用以生产绫的织机类型可能有两种：一种是片综提花机，依靠提花综来产生图案，这类织机汉代就已出现；另一种是束综提花机，是以线制花本为特征的提花机。

图 3–21 蓝色龟背纹绫结构图

片综提花机出现得很早，在汉代应该已经出现用踏脚板控制片综的织机，可以称为多综多蹑机，这在《三国志·方技传》的裴松之注中就有记载："时有扶风马钧，巧思绝世，傅玄序之曰：'马先生，天下之名巧也……为博士，居贫，乃思绫机之变……旧绫机五十综者五十蹑，六十综者六十蹑。先生患其丧工费日，乃皆易以十二蹑，其奇文易变，因感而

① 赵丰主编《敦煌丝绸艺术全集·英藏卷》，第 173 页。

作者，犹自然之成形，阴阳之无穷。'" [1]这段文字说的是马钧改机，马钧改机之前的那种织机是"五十综者五十蹑，六十综者六十蹑"，也就是说当时旧绫机的综数与蹑数相等，也应为多综多蹑机。当时的花综数量通常为50—60片，即花部组织的不同运动规律的纬线数可达50—60根，即使考虑到在一个循环内纬线的重复运动（图案勾边）以及图案的经向对称，使用此种织机所织的绫的图案循环在经线方向最多也为200—240纬[2]。即使经过改机，花综的数目也没有大的变化。《西京杂记》中还曾提到过"一百二十蹑"的绫机，西汉陈宝光妻用其织造"散花绫"，据徐国华推测，该织机属于大型片综提花机，此类织机的综片数大致应以150片为界限[3]。由此可知，以片综提花机织造的提花织物图案在经线方向的循环通常在300纬以内，如采用专门的并丝织法设计，最多也不可能超过600纬。

束综提花机是以线制花本为特征的提花机，大约应该出现在初唐时期。织造时需要两人合作，织工在下面负责投梭打纬织造，拉花者则坐在花楼之上，按花本逐一提花，所以该织机也被称为楼机或花楼机。早期出现的是小花楼机，由耳子线与脚子线构成的花本与经线构成的平面垂直。小花楼机一付花本上的耳子线最多可达150根左右，此时织得的图案的经向循环与多综多蹑机的经向循环的上限相仿，也是300—600纬。如果图案太大，则可以采用多付花本，一般也是在5—6付，此时的总耳子线数可达800—900根。也就是说小花楼机织造的提花织物图案在经线方向的循环通常可达3000—3600纬左右。后来小花楼机又向大花楼

① （晋）陈寿撰，裴松之注《三国志》卷二九《方技传》，中华书局，1959年，第807页。

② 图案在经线方向的循环纬线数=花部组织的不同运动规律的纬线数×勾边数×图案经向对称参数。纹绫的勾边数通常为2，若图案经线方向对称，图案经向对称参数为2，若不对称则为1。

③ 徐国华《我国古代织花技术的发展——从织机原理探索我国古代织花技术的发展之三》，《丝绸史研究》1986年第2期，第19页。

机发展，花本编在甲子线上，成为与经线平面平行的环形花本，耳子线则可达到几千根之多[①]。故大花楼机织造的提花织物图案在经线方向的循环可达好几千纬。由此可见，相对于片综提花机，花楼机可以织出经向循环更大的图案。

唐代有关束综提花机的材料不多，在描写江南织绫场景的诗句有“女伴如来看新簋，鸳鸯正欲上花枝”[②]，其中的“簋”可能就是指花楼机上的花本。但也有专家认为，此处的“簋”以竹作偏旁，更可能是竹制的花本，类似于竹笼机上的花本。元稹《织妇词》中描写的就是荆州贡绫户用楼机织绫的艰辛，“变缀撩机苦难织”。这里的以丝为偏旁的“缀”应该就是花楼机花本上的耳子线；“变缀撩机”是指每提一次花时要换一根耳子线(变缀),然后把花本拉起提花(撩机)[③]。由此看来,唐代的楼机最大可能是以线制花本挑花的束综提花机，又称花楼机，并已用于绫的织造。

图3-22《宋人蚕织图》中的楼绫机

关于楼机的图像直到南宋时期才出现。黑龙江省博物馆藏的《宋人蚕织图》中所绘的就是一架束综提花的绫机（图3-22）[④]。机身中部隆起的是

① 徐国华《我国古代织花技术的发展——从织机原理探索我国古代织花技术的发展之三》，《丝绸史研究》1986年第2期，第20页。

② (清) 彭定求等《全唐诗》卷四九四，上海古籍出版社，1986年，第1250页。

③ 赵丰《中国丝绸通史》，苏州大学出版社，2005年，第211页。

④ 赵丰《中国丝绸通史》，图5-2-15。

花楼，上悬耳子线和脚子线结成的花本，综丝通过衢盘、衢脚垂于地坑。花本与经线构成的平面垂直，故图中所绘织机为小花楼机。一挽花小厮坐在花楼之上，按花本逐一提花。下方的织工脚踏两根踏杆，以此来牵动老鸦翅并控制两片地综，且一手抛梭、一手打筘。机上除两片地综由织工直接脚踏控制外，整个束综由拉花者控制。若是织物图案通幅循环，则花本中的一根脚子线对应着衢盘中的一根衢线；若在纬向有多个循环，则一根脚子线可以牵动几根衢线，使织物图案可以显现出明显的经纬向对称规律。这种小花楼机在国家博物馆收藏的宋人《耕织图》中也有描绘，但《耕织图》中的织机是用于织纱罗的提花机，与绫机所用的地综有所不同。花楼机在明代的《天工开物》中也有记载："凡花机通身度长一丈六尺。隆起花楼，中托衢盘，下垂衢脚。地气湿者，架棚二尺代之，提花小厮坐在花楼架上。"①不过，《天工开物》中的小花楼织机已经是生产四枚斜纹地的绫织机了。

在唐以前的考古实物中大量发现的是平纹地的绫，也就是考古学中所称的绮，几乎没有出现过斜纹地的绫。新疆地区曾出土了大量汉至北朝时期的绮，如汉代的树叶杯纹绮，图案经向循环为6.2cm，纬密为20根/cm，一个循环中的纬线数为6.2×20=124根。图案经向对称，勾边为2，故一图案循环内不同运动规律的纬线数可达31根。另一件北朝晚期的紫色连环"贵"字绮，其图案经向循环为3cm，纬密为36根/cm，一个循环中的纬线数为3×36=108根。图案经向对称，勾边为2，故一图案循环内不同运动规律的纬线数可达27根。通过分析更多此期间的样本我们可知，这些绮在经向的循环单元都很小，一般都在2—6cm之间，而纬向的循环则为通幅②。根据上文对织机的分析，此类绮的织造完全可以使用片综提花机。

---

① （明）宋应星《天工开物·机式》，商务印书馆，1933年，第36页。

② 王乐、赵丰《新疆出土汉唐时期的绮织物》，《大漠联珠》，东华大学出版社，2007年，第130—136页。

从唐代开始，斜纹绫开始出现。根据织物图案在经向循环的大小，我们把敦煌发现的斜纹绫分为两类。第一类的图案循环小，如蓝色龟背纹绫（MAS.895）、深蓝色散点小花纹绫（MAS.945、L:S.671）、深蓝色菱格纹绫（MAS.915、L:S.524），它们的经线方向的循环均不超过50纬，生产此类绫完全可以采用片综提花机。

另一类则是图案复杂的大循环绫织物，经向循环的纬线数多在400纬以上。我们可以从敦煌发现的绫织物中选一部分出来进行分析：

1. 盘绦纹绫幡身（EO.3652、EO.3653），此图案采用大型团窠，由花卉和枝叶组成，图案复原后可知经线方向的图案循环约为55cm（图3–23），纬密为40根/cm，故图案在经向的循环约为55×40=2200纬。又图案经向对称，勾边为2，若采用片综提花机织造，所需花综数为2200/2/2=550片。

图3–23　盘绦纹绫图案复原

2. 棕色绶带纹绫幡身（L:S.649、EO.3662），图案为由朵花和绶带纹组成的大型花卉团窠，图案经复原，经线方向的循环约为52cm（图3–24），纬密为27根/cm，故图案在经向的循环约为52×27=1404纬。又图案经向对称，勾边为2，若采用片综提花机织造，所需花综数为1404/2/2=351片。

3. 黄色大花卉纹绫（L:S.639），共有10块残片，织物图案循环很大，无法辨认，似为大花卉纹。残片经线方向最大为29.5cm，纬密为36根/cm，图案在经向的循环应大于29.5×36=1062纬。图案经向无对称，勾边为2，若采用片综提花机织造，所需花综数大于1062/2=531片。

类似的大循环图案斜纹绫在敦煌发现了十多件，根据前面的分析可知，此类绫的织造都远远超过了片综提花机的提花限度，只能使用束综提花机，也就是楼机。按照所需耳子线的数目，使用多付花本的小花楼机即可。通常，此类绫也被称作楼机绫或楼绫。

图案复杂的楼机绫的织造较为复杂，故有"越縠缭绫织一段，十四缣素功未到"之说①。《新唐书》中也载："(至唐高祖）亲王及三品、二王后，服大科绫罗，色用紫，饰以玉。""(文宗即位）三品以上服绫，以鹘衔瑞草，雁衔绶带及双孔雀"②，其中所提三品以上官员所穿之大窠（科）绫及双孔雀绫极有可能与敦煌发现的楼机绫类似。可见楼机绫在当时多为富贵或显赫人士所能消费之织物。

图 3-24　棕色绶带纹绫图案复原

敦煌文书中记载的"楼机绫"往往也被简称为"楼绫"或"楼机"，多出现在年代较晚的契约文书、社邑文书和寺院文书中。其年代跨度主要为五代到宋初，其中最早的文书写于后唐清泰三年，即 936 年，最晚的则写于宋初 996 年。下面将我们所见的敦煌文书中记载的楼(机）绫实例整理如下(表 3-1)：

① (清）彭定求等《全唐诗》，上海古籍出版社，1986 年，第 1026 页。

② (宋）欧阳修、宋祁等《新唐书》卷二四《车服志》，中华书局，1975 年，第 527、531 页。

表 3-1　敦煌文书中记载的部分楼（机）绫实例

序号	文书名称	文书编号	年代	记载
1	后唐清泰三年沙州傺司教授福集等状	P.2638	936 年	宰相锦袄子价楼机绫贰匹 出破数：楼机绫壹匹，寄上于阗皇后用 楼机壹匹，赎鞍上官家用 又楼机绫壹匹，沿大众所用 楼机绫贰匹
2	归义军节度使曹元忠设斋功德疏	S.3565(1)	945-946 年①	楼机绫壹匹
3	诸杂字一本	S.5463(2)	958 年②	楼机一匹
4	壬戌年—甲子年布褐等破历	S.4120	962-964 年	楼绫一匹
5	辛未年三月八日沈家纳赠历	P.4975	971 年?	楼绫一匹 楼绫半匹
6	宋开宝八年三月一日郑丑挞出卖宅舍地基与沈都和契（抄）	北图生字25号	975 年	如若先悔者，罚楼机绫壹匹，充入不悔人
7	宋太平兴国九年十月邓家财礼目	S.4609	984 年	楼机绫壹匹
8	宋淳化二年定卖妮子契	S.1946	991 年	如若先悔者，罚楼绫壹匹，仍罚大羯羊两口，充入不悔人
9	辛卯年十二月十八日当宅现点得物色	P.4518(28)	991 年?	黄楼绫两匹 楼绫肆匹
10	丙申年三月十六日见纳贺天子物色人绫绢历	P.3440	996 年	安镇使白楼绫壹匹 小尚书楼绫壹匹 慕容都卫白透贝壹匹，楼绫壹匹 仆射楼绫壹匹 翟县令楼绫壹匹 索僧统楼绫壹匹 司徒楼绫壹匹 曹库官楼绫壹匹 吴孔目楼绫壹匹 邓都牙楼皂绫壹匹 阴都牙楼绫壹匹 太子太师楼绫壹匹
11	丙申年氾恒安等纳绫绢等历	P.2680		楼绫小绫子一匹共准绢肆匹
12	年代不明将去西州物色目	P.3579(11)		楼绫叁匹 氾师子楼绫两匹

---

① 姜亮夫根据曹元忠任此官衔的时间，认为此文献“不得前于后晋三年（946），亦不得后于二年（945）。”姜亮夫《瓜州曹氏年表补正》,《杭州大学学报》1979 年第 1—2 期。

② 文书 S.5463（2）经考证似为文书 S.5463《开蒙要训一卷》的断片。文书S.5463书有题记“显德五年（958）十二月十五日大云寺学士郎”。敦煌研究院《敦煌遗书总目索引新编》，中华书局，2000 年。

从表格中我们可以看出，同其他丝织物一样，楼机绫往往也可以作为贺礼和财礼甚至是同社成员向社员本人或其家属丧亡的人家赠送的物品来使用。文书《丙申年（996）三月十六日见纳贺天子物色人绫绢历》(P.3440）中就记载了很多僧人纳贺物色的情况："张僧统白小绫子壹匹"、"索僧统楼绫壹匹"、"阎僧统白绢壹匹"、"都僧正黄绫子壹匹"。这表明晚唐五代敦煌佛教教团的都级僧官已经完全世俗化，他们和世俗官吏一样向唐朝中央纳贡，这既是一种义务，也是一种待遇和权利，因为归义军政权与唐朝中央之间的贡赐贸易不是等价交换，是贡少赐多的不等价交换，所以他们从中可以得到更多的利益①。《归义军节度使曹元忠设斋功德疏》[S.3565 （1）］是一件施舍功德疏，记录了曹元忠"请大德九人，开龙兴、灵图二寺大藏经一变（遍）"举行斋会时施舍给两寺的丝织品、经帙和马匹。丝织品中就包括"楼机绫壹匹"。楼机绫还可用作违反契约方的违约金，《宋开宝八年（975）三月一日郑丑挞出卖宅舍地基与沈都和契（抄)》（北图生字 25）和《宋淳化二年定卖妮子契》(S.1946）中的"楼绫壹匹"都是作为违约金的一部分。

文书《后唐清泰三年（936）沙州倸司教授福集等状》（P.2638）是曹元德时期沙州净土寺三年中支给破除算会账，其中记载"楼机绫壹匹，寄上于阗皇后用"。文书中所提的于阗皇后很可能就是曹元忠的姐姐，大宝于阗国王李圣天的皇后曹氏。该于阗皇后的画像多次出现在曹氏家族的功德窟中：莫高窟第 98 窟的东壁下方的第一、二身供养人像为李圣天及其皇后曹氏；莫高窟第 61 窟东壁南侧左起第三身女供养人也为此于阗皇后。文书中提到的"楼机绫壹匹"很可能是作为其兄弟对这位

---

① 郑炳林、魏迎春《晚唐五代敦煌佛教教团的戒律和清规》，《敦煌学辑刊》2004 年第 2 期，第 26—40 页。

于阗皇后的宣问而由敦煌寄往于阗[①]。无独有偶，在同一时期的于阗布扎克墓葬中也曾出土过一块长方形的白色绫织物，长75cm，宽56cm，2/1S斜纹地上以1/5S斜纹显花(图3–25)[②]。图案为白色花卉卷草纹，经线方向的循环约为15cm，纬密约为40根/cm，故图案在经向的循环约为15×40=600纬。图案经向无对称，勾边为2，经线方向不同运动规律的纬线数为300根，故此绫应是由花楼机所织造的楼机绫。

图3–25　布扎克出土的白色花卉卷草纹绫图案复原

此绫的一面上有汉文墨书："夫人信附 男宰相李枉儿"。从字面意思来看，这件绫曾作为一块包裹布使用，并附信一封，寄给夫人的儿子、身为宰相的李枉儿。绫的另一面有于阗文墨书，意为"李宰相之物"[③]。如此看来，这块楼绫本身应属于宰相母亲。从包裹布上的汉文和于阗文来看，这块楼绫很有可能是从于阗以外的地区寄至于阗的。

① 张广达、荣新江《关于唐末宋初于阗国的国号、年号及其王家世系问题》，《敦煌吐鲁番文献研究论集》(增订本)，中国人民大学出版社，2008年，第33页。

② 赵丰、王乐等《和田布扎克彩棺墓出土的织物与服饰》，《大漠联珠》，东华大学出版社，2007年，第93—94页。

③ 吉田豊《コータン出土8–9世紀のコータン語世俗文書に關する覺え書き》[神戸市外國語大學研究叢書第38冊(2005)]，神戸市外國語大學外國學研究所，2006年，第35—36页。

五代至宋初，沙州、甘州与于阗之间保持着贡礼或回礼形式的官方交流，此种情况可见于敦煌的汉文文书中，如《于阗王致沙州令公书》(P.2826)、《天兴七年十一月于阗回礼使索子全状》（P.3016）以及《庚申年七月十五日于阗公主舍施纸布花树台子等历》（P.3111）等[①]。楼机是中原地区使用的织机，楼机绫则产自内地。我们可以推测，布扎克出土的这块楼绫就是经由敦煌传入于阗的。

三、二色绫

在敦煌发现的纺织品中，有一批经纬异色的丝织物，斜纹地斜纹花，是一种采用不同色彩的经纬线交织后得到的单层彩色织物，由于花地异色，因此图案的表现效果好于普通的单色绫，结合敦煌文书和唐代史料的记载，我们在此把它们称作“二色绫”。

“二色绫”可见于藏经洞发现的敦煌文书中。文书 P.3250 中曾提到过“二色绫壹丈”，此外，《唐咸通十四年（873）正月四日沙州某寺交割常住物等点检历》（P.2613）中也提到“青贰色绫单伞壹”，应该是以青色作地的二色绫来制作伞盖。

图 3-26 孔雀衔绶纹二色绫

唐代的其他史料中也出现过“二色绫”和“两色绫”的记述。唐咸亨三年（672）的吐鲁番文书中就已有以两色绫制作服饰的记载[②]。《安禄山事迹》中记录

① 荣新江《于阗王国与瓜沙曹氏》，《敦煌研究》1994 年第 2 期，第 111—119 页。

② 参见《唐咸亨三年（672）新妇为阿公录在生功德》（64TAM29:44）。唐长孺主编《吐鲁番出土文书》(三)，文物出版社，1996 年，第 337 页。

的唐玄宗赏赐给安禄山的物品中也有“二色绫缛八领”[①]。“二色绫袍”还被作为赏赐南诏官员的物品而刻入南诏德化碑。

图 3–27　孔雀衔绶纹二色绫结构图

敦煌发现的二色绫实物并不是很多，主要有六种，采用在经面斜纹地上以纬面显花的方式：

1. 孔雀衔绶纹二色绫（MAS.889），图案残，保留下来的部分为一只口衔绶带的孔雀图案（图3–26）[②]。经线为淡黄色，纬线为红色，2/1S 斜纹组织作地，其上以 1/5S 斜纹组织显花（图 3–27）。图案经向高大于27cm，纬密为 30 根/cm，图案在经向无对称，循环应大于 27×30=810 纬。

2. 黄地花卉纹二色绫（MAS.934、L:S.646），共有 22 块残片，经线为黄色，纬线为橘红色，5/1S 斜纹组织作地，其上以 1/5S 斜纹组织显花(参见图 3–18、3–19)。图案残，经向高大于 44cm，纬密为 27 根/cm，图案在经向无对称，循环应大于 44×27=1188 纬。

3. 黄地卷草纹二色绫（MAS.933、L:S.638），共两块方形残片，经线为白色，纬线为黄色，5/1Z 斜纹组织作地，其上以 1/5S 斜纹组织显花。图案残，经向高大于 5.3cm，纬密为 19 根/cm，图案在经向无对称，循环应大于 5.3×19≈101 纬。

4. 蓝黄二色绫（L:S.418），残损严重，沿纵向有一明显折痕，据斯坦因记载，它是现藏于印度新德里国立博物馆的一件佛幡（Ch.00293.a）的幡头斜边[③]。保存下来的部分类似孔雀的纹样，有头冠和尾翼，这种

① (唐）姚汝能《安禄山事迹》，上海古籍出版社，1983 年，第 6 页。

② 赵丰主编《敦煌丝绸艺术全集·英藏卷》，第 148 页。

③ Aurel Stein, *Serindia: Detailed Report of Explorations in Central Asia and Westernmost China*, Oxford: Clarendon Press, 1921, Vol.2, p. 986.

纹样在中亚曾特别流行，可见该纹样可能是萨珊式纹样的一个变体。经线为黄色，纬线为深蓝色，2/1S斜纹组织作地，其上以1/5S斜纹组织显花。完整的图案循环应较大，经向高大于38cm，纬密为24根/cm，图案在经向有对称，循环应大于98×18=1764纬。

5. 黄白花卉二色绫（L:S.634），共有7块残片，经线为白色，纬线为黄色，2/1S斜纹组织作地，其上以1/5S斜纹组织显花。图案残，经向高大于14.2cm，纬密为24根/cm，图案在经向无对称，循环应大于14.2×24≈340纬。

6. 散点纹二色绫（L:S. 342、EO.3660），其为两件相似经帙的表层织物，经线为黄色，纬线为浅棕色，3/1S斜纹组织地上以4–2组织显花。图案很小，为6纬织成的散点纹，经向循环等于12纬。

上述这些经纬异色的丝织物应该就是唐代史料中记载的“二色绫”，其织造工艺与暗花绫相同。从图案经向的循环来看，循环小的二色绫如散点纹二色绫（L:S.342、EO.3660）可以采用多综多蹑机织造，但循环大的二色绫如孔雀衔绶纹二色绫（MAS.889）和蓝黄二色绫（L:S.418）等的织造则需采用束综提花机。

虽然在现代考古学的命名体系中绮是指平纹地斜纹花的单层丝织物，但从唐代的考古发现来看，这种组织结构的织物往往也被命名为绫。那么，唐代史料中的绮指的又是何种织物呢？唐代慧琳和尚在《一切经音义》中对绮的解释为：“以二色彩丝织为纹花，出吴越，次于锦也。”[①]从这一定义中我们可以得出，当时的绮应指以二色彩丝织成的丝织物，产自吴越地区，类似于锦却品质不及锦。开元二年（714），玄宗曾发布《禁奢侈服用敕》禁织成、二色绮等织物以及龙凤、禽兽等织物纹样[②]。

① （唐）慧琳《一切经音义》，上海古籍出版社，1986年，第163页。

② （宋）宋敏求编《唐大诏令集》卷一〇八《禁约上·禁奢侈服用敕》，中华书局，2008年，第563页。

应该说，二色绮也是一种高档的丝织物。

绮在敦煌文书中出现的并不多，文书 S.2575《后唐天成四年（929）三月六日应管内外都僧统置方等戒坛牓》中记录了对道场中的僧众服色的规定："不许串绮彩之裳，锦绣覆盖身体。"这里的绮应该也是指一种彩色织物。在唐代，平纹地斜纹花的"绮"往往也被命名为"绫"，故可推测，唐代史料中的"二色绮"和"二色绫"也有可能是指同一类织物。

第三节

纱　罗

纱和罗都是一种经纬线稀疏且织物上呈现小孔的丝织物，一般而言，凡经线起绞、纬线平行交织的织物均可称作纱罗织物，[①]但一些稀疏的平纹组织往往也被称为纱。

纱出现得很早，周代已有以纱制作王后和命妇服饰的记载。《周礼·天官》："内司服：掌王后之六服——袆衣、揄狄、阙狄、鞠衣、展衣、缘衣，素沙。辨外内命妇之服——鞠衣、展衣、缘衣，素沙。"古时，"纱"亦作"沙"[②]。

敦煌发现的纱的基本组织为由两根经丝相互绞转并每一纬绞转一次的二经绞组织，实物则以多种组织配合织造的暗花纱居多，如紫色联珠方格卍字纹纱（MAS.901）和紫色如意团花卍字纹纱（L:S.224）的地组织为对称绞纱组织，纹组织为绞经浮在地经之上。紫色几何纹纱（MAS.900）则在1:1对称绞纱组织地上以纬浮长显花（图3–28、图3–29）[③]。这些纱的密度均不大，属于简单纱罗一类。

---

① 赵丰《中国丝绸艺术史》，第53页。

②《汉书》卷五六《江充传》："充衣纱縠禅衣。"【注】师古曰：纱縠，纺丝而织之也，轻者为纱，绉者为縠。古通沙。

③ 赵丰主编《敦煌丝绸艺术全集·英藏卷》，第183页。

图 3-28 紫色几何纹纱

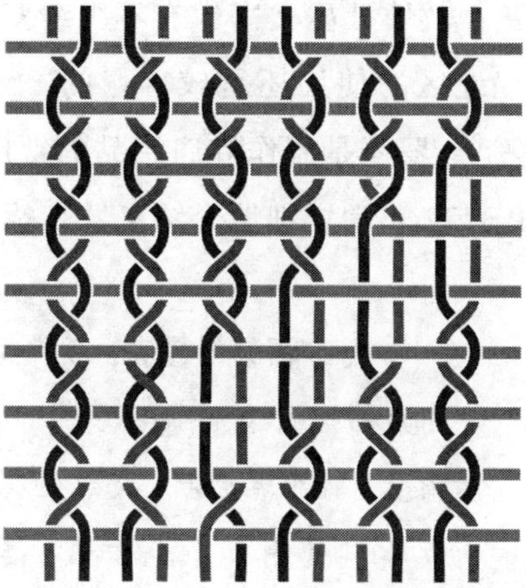

图 3-29 紫色几何纹纱结构图

敦煌发现的罗织物主要为链式罗，又称无固定绞组罗，其中又以四经绞罗最为常见。这些罗织物既包括四经绞的素罗，也有以四经绞和二经绞组合的暗花罗，图案以几何纹为多，主要用于幡带、幡身，也常用于刺绣的地。典型的有绿色菱点纹罗（MAS.953）、红色菱纹罗（MAS.904）和蓝色菱纹罗（L：S.525）等，它们都是以四经绞作地、二经绞显花（图 3-30、图 3-31）。

图 3-30 蓝色菱纹罗

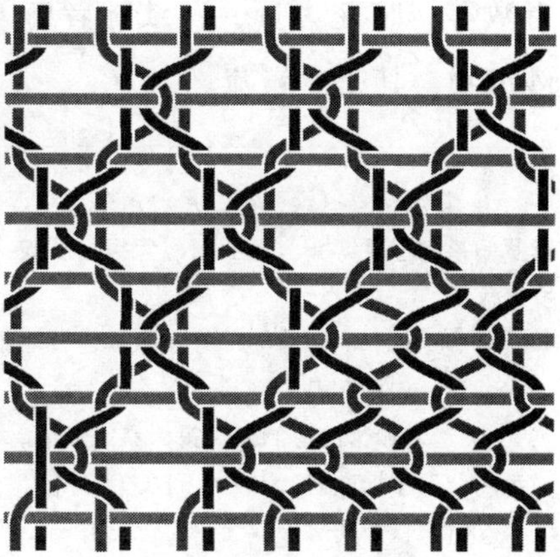

图 3-31 蓝色菱纹罗结构图

敦煌社邑文书中有不少纱罗的相关记载。据此可知，纱罗在当时敦煌地区的使用还是较普遍的。纱罗常用于缝制服饰，如衫、裙、帔子等[①]。罗还是制作寺庙用品的常用织物，应用于幢、额、经巾等[②]。文书P.3432非常详细地介绍了罗在幢中的应用：

> 故四福锦绢幢壹，罗锦绣者舌。又四福故幢贰，杂色罗表，色绢里，高梨锦屋并者舌锦绣罗带木火珠。又故汉幢壹，杂色罗表，色绢里，锦屋罗锦绢者舌带。又肆福罗表，绢里，高离锦屋幢壹，锦绣者舌并带。故不堪受用，杂色罗表，色绢里，锦屋幢壹，伍福罗锦绢者舌并带。

此段文书共记载了5件用罗、锦、绢等织物缝制的幢，罗主要用于制作幢表、者舌和带等[③]。

此外，敦煌文书还提到过“天净纱”[④]，天净纱也屡见于唐代的其他文献。《太平广记》中载李文敏的儿子身着“天净纱汗衫半臂”[⑤]；崔致远在《谢匹段状》中也记录了包括“紫天净纱、紫平纱、黄平纱”等在内的丝织物[⑥]。所谓天净纱，据明代杨循吉所撰的《吴邑志》称：“纱有数等，暗花为贵，其纹疏者曰天净纱。”因此，天净纱当是一种暗花纱织物，其密度较疏。

---

① 敦煌文书《癸酉年二月沙州莲台寺诸家散施历状》（P.2567背）记载：“青花罗一匹、紫罗偏衫、□罗缚头、青罗裙、紫银尼罗被（帔）子、青银泥罗裙、红罗衫子、红罗八尺、红罗六尺。”

② 可参见敦煌文书《龙兴寺卿赵石老脚下依蕃籍所附佛像供养具并经目录等数点检历》（P.3432）中的记载。

③ 者舌和带的形制详见第六章第三节。

④ “天净纱壹匹”［P.4518（28）］。

⑤（宋）李昉等编《太平广记》卷一二八《报应二十七·李文敏》，上海古籍出版社，1990年。

⑥（清）陆心源编《唐文拾遗》卷四二《崔致远》(九)，上海古籍出版社，1990年。

敦煌文书 P.4518（28）中还出现有“隔织”的记载：“又传白罗捌匹，花隔织两匹，楼绫肆匹，定绫贰匹。”此处的隔织，应是指隔织纱。莫高窟第 130 窟曾出土过一件编号为 K130:1 的团花灰缬纱，采用平纹组织，纬线有两组，一组单根排列，另一组三根排列，每组连续投两梭并交替织造。吐鲁番也出土过类似的纱织物，如黄地花树对鸟纹纱和原色地白花纱等，都是由两组纬线各织两梭交换而成，一组为单根，一组为双根[①]。

① 赵丰《中国丝绸通史》，第 226 页。

第四节

妆 花

妆花是对挖梭工艺的别称。假如一种提花织物的花部采用通经回纬的方法进行显花，这种织物便可以称为妆花织物。

“妆花”一词并没有出现在敦煌文书中，但从敦煌藏经洞中发现了一批妆花织物残片。这批妆花织物的图案均为小团窠，直径均不超过6cm，最小直径不足4cm。唐代晚期开始，此类团窠大量出现。图案题材以写实的植物花卉和动物为主，包括朵花、葡萄、凤凰、蝴蝶等。经过分析，这批残片共35片，分别属于5种不同的妆花织物。

一、红地团凤纹妆花绫（L:S.644）

此种妆花绫同一编号下共有29片，但事实上它们分别属于两种不同的妆花织物。其中25片为红地团凤纹妆花绫，红色斜纹地上以黄色丝线用妆花技法织出双凤纹样，凤凰头朝内，头尾相接，每只都朝同一方向飞旋，呈喜相逢形式排列，有冠，尾似枝叶（图3–32）[①]。法国吉美博物馆收藏的一组红地彩绘团雁纹麻幡头（MG.24643-24650）上也绘有此类飞雁图案（参见图6–8）。这种对鸟造型最早见于法门寺地宫出土

① 赵丰主编《敦煌丝绸艺术全集·英藏卷》，第145页。

图 3-32 红地团凤纹妆花绫

的一件年代为874年的小团窠鹦鹉纹锦[①]。藏经洞发现的另一件红地团狮纹锦（L:S.326）的图案采用的也是由两头狮子头朝内回旋排列的形式。

另外4块残片则为红地点状花纹妆花绫，红色斜纹地上用黄色的纹纬以妆花技法织出黄色散点纹样。

二、黑地小团窠妆花绫（MAS.929、L:S.419）

此种妆花绫共3片，其中一片收藏于大英博物馆，另外两片收藏于维多利亚阿伯特博物馆。在织物的一侧残留有金黄色小型团窠纹样，采用局部通经断纬的妆花技法织成。斯坦因认为这可能是鸟的一部分[②]，但由于留存部分太小，图案无法复原。

三、红地团花妆花绫（MAS.871）

此种妆花绫共1片，地部用红色的地经地纬以斜纹组织织成，花部则采用局部通经断纬的方法，以黄、绿、白、紫、蓝等各色以妆花技法织出团花中的花叶纹样，团花直径在6cm左右。这种团花以侧式朵花形成团窠环，这在敦煌壁画中可见于晚唐时期的装饰图案，但从妆花的技法来看，其出现或许更晚一些。

---

① 赵丰《织绣珍品》，艺纱堂，1999年，第148页。

② Aurel Stein, *Serindia: Detailed Report of Explorations in Central Asia and Westernmost China*, Vol.2, p.992.

四、团花对蝶纹妆花绫（EO.1193/D）

此种妆花绫共 1 片，地部用白色的地经地纬以斜纹组织织成，花部则采用局部通经断纬的方法，用黄色丝线织出侧式朵花形成的团窠环，环内是两只相对而飞的蝴蝶（图 3–33）[①]。蝴蝶作为主题常出现在晚唐以后的织物图案中，但在藏经洞发现的织物中并不多见，且往往以印花和刺绣的形式出现，如绿地蛱蝶团花飞鸟夹缬绢幡（L：S.552）和绿色菱纹罗地彩绣花簇蝴蝶（L：S.626）。

五、白色花卉葡萄纹妆花绫（L：S.332）

此种妆花绫共 1 片，呈狭长形，以白色花卉纹暗花绫为地，其上用橘红色丝线以妆花技法织出葡萄纹样（图 3–34）。

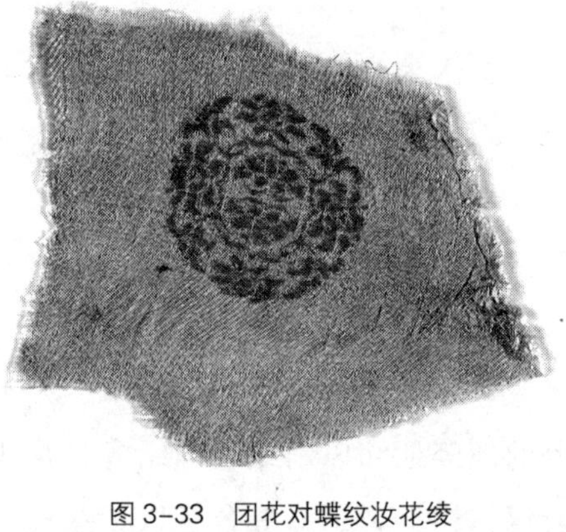

图 3–33　团花对蝶纹妆花绫

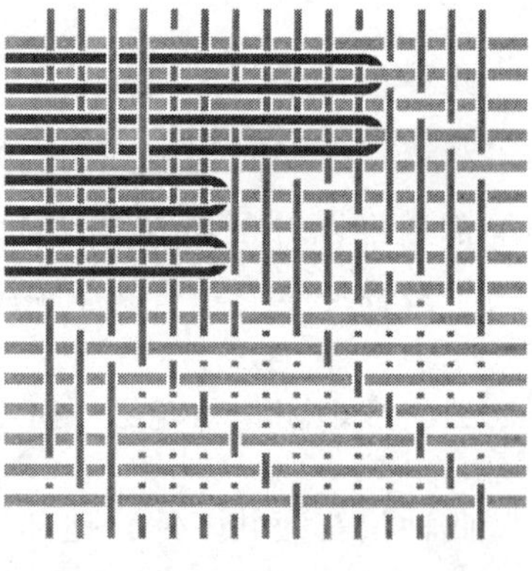

图 3–34　白色花卉葡萄纹妆花绫结构图

藏经洞发现的妆花绫的组织结构都属于纬插合，由一组或数组纬线与经线进行交织，经线通常为单组，但有时也为双组。地纬与纹纬之比多为 1:1，即织造时织一根地纬后插入一根或一组纹纬。经线有时加捻，而纬线往往不加捻。这些妆花织物都是在六枚斜纹地上插入一组彩色的

① 赵丰主编《敦煌丝绸艺术全集·法藏卷》，第 181 页。

纬线进行显花，显花的纬线采用通经回纬的技术进行挖梭，所以这些织物也被称为妆花绫。除了红地团花妆花绫（MAS.871）的纹纬是彩色的以外，其余几件妆花绫都只使用单色的纹纬织花。按照地组织的不同，这些妆花绫可以分为两类：

一类是在素织物地上采用妆花工艺，如红地团凤纹妆花绫（L:S.644）、黑地小团窠妆花绫（MAS.929、L:S.419）、红地团花妆花绫（MAS.871）和团花对蝶纹妆花绫（EO.1193/D）。其中红地团凤纹妆花绫以红色的经线与红色的地纬以 5/1S 斜纹织出地组织，花部用黄色的纹纬以挖梭的形式织出双凤纹样，经线与纹纬交织成 1/5S 斜纹组织。

另一类妆花绫的地组织则是暗花绫，如白色花卉葡萄纹妆花绫（L:S.332），经线和地纬交织成 5/1S 斜纹地上以 1/5S 斜纹显花的绫组织，然后在其上以橘红色纬线以纬浮长组织织出葡萄纹样（参见图 3–34）。

在这 5 件妆花绫中，有 3 件是以纬浮长显花的妆花绫。在花部，经线与纹纬的交织也有所不同。白色花卉葡萄纹妆花绫（L:S.332）用单根经线与纹纬交织；而另外两件红地团花妆花绫（MAS.871）和团花对蝶纹妆花绫（EO.1193/D）则是以双经线与纹纬交织。

从出土实物来看，唐代的妆花织物很少，但辽代墓葬中出土过不少在斜纹地上挖梭织花的妆花织物。如发现于耶律羽之墓的花树对狮鸟纹妆花绫袍（YYS.104），以 5/1Z 斜纹作地，1/5Z 斜纹挖梭织花。同墓还出土了一件葵花对鸽雀蝶妆花绫袍（YYS.1），1/5S 和 5/1Z 斜纹作地，5/1Z 斜纹上用数组花纬以挖梭的形式织成 1/5S 斜纹的花。不过大量的妆花实物则是出土自宋元时期的墓葬。

妆花绫的起源尚无定论，但一般认为，缂丝和织成对妆花绫的产生有一定的影响。唐代的另一类晕繝织物似乎与妆花绫也有着某种联系，藏经洞发现的织物中有一件小花晕繝纹锦（L:S.602)(图 3–35）[①]，其组

① 赵丰主编《敦煌丝绸艺术全集·英藏卷》，第 125 页。

图 3-35　小花晕裥纹锦

织结构是5/1S斜纹地上以经浮长显花。与妆花绫不同的是，该织物的显花并不依靠另外增加纹纬，其图案的地部由多种色彩的经线和单色的纬线交织形成彩条纹，一种颜色的经线以浮长显花的形式在每一条纹上形成一排四瓣和六瓣小花交替排列的图案。在敦煌发现的另一件织物百衲经巾（MAS.856）中亦缝有一块类似的织物。阿斯塔那105号墓中也出土了一件彩条晕裥织物，3/1S斜纹地构成彩条，其上以单色纬浮长显花[①]。由于织物表面的多彩效果，此类织物往往也被称为锦。但事实上，它们与妆花绫类似，采用了经线或纬线的单插合组织。

与妆花绫关系更密切的一类织物应该是花绫，它出现的时间可能与妆花绫出现的时间差不多。与妆花绫相似的是，花绫也是纬插合组织，在斜纹地上插入一组彩色的纬线进行显花。不同的是，花绫的纬线必须通梭织造。在内蒙古自治区庆州白塔发现的一件幡中就有一件花绫织物，红色的经线与红色的地纬以3/1Z斜纹织出地组织，花部用蓝、湖蓝、绿、黄和白色这五色纹纬与经线交织成1/5S斜纹组织[②]；蓝和湖蓝为挖梭，其余三色为通梭，即在局部出现五色花纬，其他的地方又只出

① 中国新疆维吾尔自治区博物馆、日本奈良丝绸之路学研究中心《吐鲁番地域与出土绢织物》，图30。

② 赵丰《中国丝绸通史》，第292页。

现三色花纬。

从图案的风格和织物的组织结构来看，藏经洞发现的妆花绫的年代应在晚唐至五代之间。这些妆花绫的地组织以斜纹，主要是六枚斜纹为主。这种组织结构的织物可以在有 6 片起综和 6 片伏综的织机上生产。如果图案经向循环很大，如上文所提到的辽代墓出土的那两件妆花绫，则需使用花楼机织造。在第二章中我们已讨论过，当时的花楼机已广泛用于斜纹绫的织造。

宋元以后，妆花织物的品种丰富起来，出现妆花纱、妆花罗、妆花缎等。事实上，唐代晚期开始出现的带有伏综的花楼机可以生产出几乎所有类型的妆花织物。

第五节

缂丝及其他

缂丝是用“通经回纬”的方法织成的，因“承空视之，如雕镂之象，故名‘刻丝’”。在织制时“不用大机，以熟色丝经于木栓上，随所欲作花草禽兽状，以小梭织纬时，先留其处，方以杂色线缀于经纬之上，合以成文，若不相连”。故而它的特点是纬线不像一般织物那样贯穿全幅，而只织入需要这一颜色的一段，因此“虽作百花，使不相类亦可，盖纬线非通梭所织也”，但也因此极为费工，“妇人一衣，终岁可就”①。

我国的缂丝织物至迟出现在唐代，在新疆吐鲁番、青海都兰等地都曾出土过唐代缂丝，敦煌文书中虽未提及，但实物中却有一批缂丝织物。因其织造不易，故而十分珍贵，所见多用在供奉佛寺的佛幡之上，但均较为狭窄，主要作幡头斜边及悬袢等之用。典型的如大英博物馆所藏绢地彩绘幡头（MAS.905），其幡头两侧采用宽约 2.7cm 的红地团窠立鸟纹缂丝包边，其经线由两根 S 捻的丝线以 Z 捻并合，纬线除红、黄、白、蓝、绿、褐、土黄等色外，还在缂织部分花瓣中心及花蕾边缘处使用了片金线。同样的还有蓝地十样花缂丝带（MAS.907），斯坦因认为

---

①（宋）庄绰《鸡肋编》卷上，中华书局，1983 年，第 33 页。

它曾被用作悬袢，它也在局部使用了片金线，这种片金线在背后采用了纸质背衬，是目前所知最早的纸质背衬片金线实物（图 3-36 ）[①]。

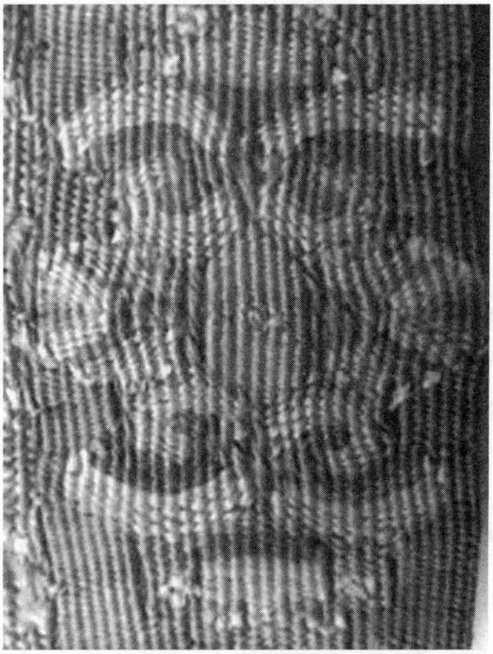
图 3-36 蓝地十样花纬丝带局部图

敦煌文书中还出现过其他一些关于织物的记载，如“透贝”。敦煌文书《癸巳年十一月十二日张马步女师迁化纳赠历》（P.2916）中记录有“白透贝一匹”。所谓“透贝”可能是“透背”的别写，这种织物在唐宋史料中常有记载，十分常见。南宋时期江南织造品种中有“绒背锦”之名，从名称上分析两者可能是同一种织物，即背面有浮线的织锦，在使用时背浮亦可剪去。这种织物的色彩通常十分丰富，因此曾被列入“淫巧之工”之列。大历六年（771），唐代宗曾诏令“在外所织造大张锦、软瑞锦、透背及大裥锦、竭凿六破以上锦、独窠文绫、四尺幅及独窠吴绫、独窠司马绫等，并宜禁断”[②]。

---

① 赵丰主编《敦煌丝绸艺术全集·英藏卷》，第 99 页。

② （宋）宋敏求编《唐大诏令集》卷一〇九《禁约下·禁大花绫锦等敕》，第 566 页。

第四章

印染与刺绣

虽然用彩色丝线织造的色彩丰富、图案精美的多彩织锦在春秋战国时期的墓葬中就已大量出土，但相对于单色织物来说，锦的织造工艺复杂，技术难度也大。除了彩色织锦外，刺绣和印染也能达到类似的色彩丰富、图案多样的表现效果。

刺绣产生的年代或许比多彩织锦更早，据《尚书》记载，帝舜时已用絺绣制成宗彝、藻、火、粉米、黼、黻等纹样，只是年代过于久远，此事无法得以证实。但我们的确在河南安阳出土的殷商时期的青铜器上发现过刺绣的痕迹，这也说明了中国刺绣历史的悠久。现存的中国早期的刺绣实物都是锁绣，汉唐之间，锁绣依然占有绝对的优势。到了唐代，刺绣有了很大的发展，刺绣技法也大大丰富起来。从敦煌发现的大量刺绣实物来看，唐代开始，锁绣的优势不复存在，刺绣中运用得更多的是劈针绣、平针绣和加金绣。

相对于刺绣，印染工艺的产生却晚了很多，但它也在唐代达到了一个顶峰。唐代有四缬之说，即绞缬、蜡缬、夹缬和灰缬，今天均称之为印花，实为防染印花。敦煌发现的唐代印染织物主要是夹缬。所发现之实物几乎都出自藏经洞，绞缬和灰缬只是出现在莫高窟第 130 窟窟内和第 122 窟窟前。莫高窟北区第 222 窟出土过一件北朝的百衲残件（B222:10)，上面也保留有几小块绞缬绢。

第一节

夹缬

夹缬是指一种防染印花的工艺及其产品，操作时，使用两块木制花板夹持织物而进行染色。《中华古今注》中说隋炀帝制作五色夹缬花罗裙赐给宫人及百官的母亲和妻子[①]。但若一定说夹缬始于隋，又似乎证据不足。《唐语林》中记载了夹缬的起源："玄宗柳婕妤有才学，上甚重之。婕妤妹适赵氏，性巧慧，因使工镂版为杂花，象之而为夹结。因婕妤生日，献王皇后一匹，上见而赏之，因敕宫中依样制之。当时甚秘，后渐出，遍于天下，乃为至贱所服。"按《旧唐书·玄宗纪上》："开元十二年（724）七月乙卯，废皇后王氏为庶民。"[②]柳婕妤亲戚中的那位嫁给赵氏的妹妹，让人雕版印制夹缬作为寿礼送到宫中的时候，王氏还在皇后的位置上，因此通常认为夹缬的发明一定在公元724年以前。

唐代夹缬在新疆吐鲁番、青海都兰等地的墓葬中都有出土，日本正仓院也收藏了大量的唐代夹缬，但藏经洞是目前国内发现唐代夹缬最为

---

① （五代）马缟《中华古今注》卷中："隋大业中，炀帝制五色夹缬花罗裙，以赐宫人及百僚母妻。又制单丝罗以为花笼裙，常侍宴供奉宫人所服，后又于裙上剪丝凤缀于缝上，取象古之褕翟，至开元中犹有制焉。"（中华书局，1980年，第20页。）

② 郑巨欣《中国传统纺织品印花研究》，中国美术学院出版社，2008年，第83页。

图 4-1 对马夹缬绢

集中的地点。

在藏经洞发现的夹缬中，除两件相同的蓝白点状夹缬绢（MAS.932、L:S.555）为单色夹缬外，其余均为彩色夹缬。由于使用了凹纹和镂空的夹板夹住折叠的织物进行浸染和注染，所以夹缬印花的色彩是封闭在一个个色区中的，图案对称，处于夹板边缘的织物上的图案往往会变形或有色渍，很容易辨认。

如对马夹缬绢（MAS.885.*a*），其年代为中唐至晚唐，它是一块保留有完整幅宽的长方形丝织物，幅宽 52.8cm。图案为两对相对的马，一对马身上饰有卍字纹，另一对马身上则饰有斑点（图 4-1）①。斯坦因曾认为这一题材无疑有着萨珊波斯的影响②，不过，这种小马矮脚、大肚，有着明显的蒙古马的特征。织物的底部另有一对马可见马腿，但马腿方向相对。两列相对的马和两行相向的马之间各有一条纵向和横向的深蓝色线渍，正说明这是夹缬制成时的折叠线。由于织物上下残缺，所以夹板的长度推测起来有点困难，但夹缬板的宽度则是在半个门幅左右，即约 26cm。

敦煌夹缬最常用的主题图案为花卉，包括朵花、宝花、十样花等。宝花纹的夹缬在藏经洞中的幡上发现了 10 多件，这些宝花纹大多呈方形，夹板中只刻一种蓝色的叶子纹样，单色染色，但在染成后再用黄色笔染，使花蕊部分呈现黄色，部分与花蕊接近的叶子则呈绿色。十样花

① 赵丰主编《敦煌丝绸艺术全集·法藏卷》，东华大学出版社，2010 年，第 192 页。
② Aurel Stein, *Serindia*, Oxford: Clarendon Press, 1921, Vol.2, p.831. pp.910–11.

的夹缬也常用于幡的制作，如十样花夹缬绢（MAS.931）。其图案为排列紧密的四朵橙色的花及其蓝色的叶子，经向循环为6.5cm，纬向循环为5.0cm①。未染色的白色图案勾边非常清晰也很均匀，说明这件夹缬原来可能在同一套夹板上同时染成两种颜色。此夹缬采用的图案依然带有唐代早期的特点，与盛唐时期的十样花纹极为相似。这种十样花比宝花来得简洁，而且在图案布局上没有主花和辅花之分。此十样花的配色和图案与榆林窟第19窟甬道壁的头戴凤冠、身着大袖衫裙的凉国夫人身上的帔帛图案十分相似（图4-2、图4-3）②。

敦煌夹缬图案除了有各种花纹外，也有一些动物纹，如鸟、蝶、鹿等，这些动物纹有时也会与花卉植物纹一起构成组合纹样。绿地蛱蝶团

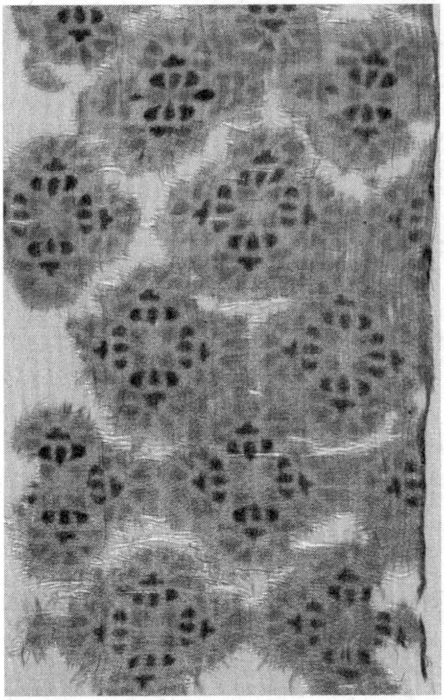

图4-2　十样花夹缬绢

图4-3　榆林窟第19窟凉国夫人像

① 赵丰主编《敦煌丝绸艺术全集·法藏卷》，第198页。

② 谭蝉雪主编《敦煌石窟全集·服饰画卷》第24卷，商务印书馆，2005年，图223。

花飞鸟夹缬绢幡（L:S.552）的幡身部分则由三块长方形织物拼缝而成，第一片为方胜朵花夹缬绮，相同的夹缬绮也出现在藏经洞的其他幡上（MAS.880、L:S.556:1–3）[①]。夹缬图案由卷草纹构成方胜骨架，中间填十样花，蓝色染地，橙色染花，叶子的绿色由蓝底上染以黄色形成。第二片和第三片幡身用夹缬绢制作，但是其图案和第一片不同，蓝绿地，团窠的外圈由花和枝茎构成，内有两只红色的长尾鸟，喜相逢排列，首尾相接（图 4–4）。此幡用两种不同的夹缬制作，看起来是在修复时拼缝了其他的面料。藏经洞所出的幡很多都有修补的痕迹，有的甚至破损严重，这些残幡有的可能是废弃的，有的则是修补后继续使用。

图 4–4　L:S.552 蛱蝶团花飞鸟夹缬

夹缬还多次出现于唐代的其他文献之中。吐鲁番文书《唐天宝二年（743）交河郡市估案》中的“夹绿绫壹尺，上直钱拾陆文”，应是目前已知最早的有明确纪年的关于“夹缬”的文字记载。此外，阿斯塔那 193 号墓出土的《唐天宝某载行馆器物帐》中也记载有两张夹缬被[②]。陕西扶风法门寺地宫出土的《应从重真寺随真身供养道具及恩赐金银器物宝函等并新恩赐到金银宝器衣物帐》中还录有惠安皇太后施入的“红罗裙二幅各五事，夹缬下盖各三事”[③]。

① 赵丰主编《敦煌丝绸艺术全集·英藏卷》，东华大学出版社，2007 年，第 65—66 页。

② “破被伍张内二夹缬、一紫熟□绫□绯＿＿＿＿”。唐长孺主编《吐鲁番出土文书》（四），文物出版社，1996 年，第 240 页。

③ 韩伟《法门寺地宫唐代随真身衣物帐考》，《文物》1991 年第5 期，第 27 页。

敦煌文书中也有不少关于夹缬的记载。夹缬常用于制作寺庙用品，文书 P.2613《唐咸通十四年（873）正月四日沙州某寺交割常住物等点检历》中提到了一大批用缬织物缝制的供养用具及其部件，包括“夹缬团伞子”、“夹缬者舌”、“黄夹缬大伞”、“夹缬带”、“夹缬幡”等。敦煌文书中的“夹缬”、“甲缫”、“缬缬”和“綊缬”应该都是指夹缬。

除了用于制作幡、伞等佛教用品，平民的日常服饰中也常常用到夹缬。文书 P.3774《丑年（821）十二月沙州僧龙藏牒——为遗产分割纠纷》中有两条夹缬裙的记载：“綊禄（绿）罗裙一腰”和“新綊缬罗裙一腰”。唐诗中也有“夹缬笼裙绣地衣”的记载[①]，可见当时民间用夹缬罗缝制衣裙还是较为普遍的。除了裙，夹缬织物还可以用来制作衫等服饰[②]。从实物和文献记载来看，夹缬所用的织物材质多为绢、绮、罗等轻薄柔软的丝织品，又借助夹板这种工具在单层丝织物上染色并形成图案。夹缬丝织物的色彩和图案可以模仿锦，但又比多重织物锦更轻软，且悬垂感更强。

我们也可以从绘画中找到类似的例子，现收藏于美国波士顿美术馆的宋代摹本《捣练图》表现的是唐代贵族妇女捣练缝衣的工作场面，人物形象端庄丰腴，情态生动。画面中共有 12 位女性形象，其中 9 位

图 4–5　《捣练图》中的织物图案

① 《全唐诗》卷八〇三《春郊游眺寄孙处士二首》。

② 如“缬缬缚”(S.4525)、“缬缬衫子”(S.5680)等。

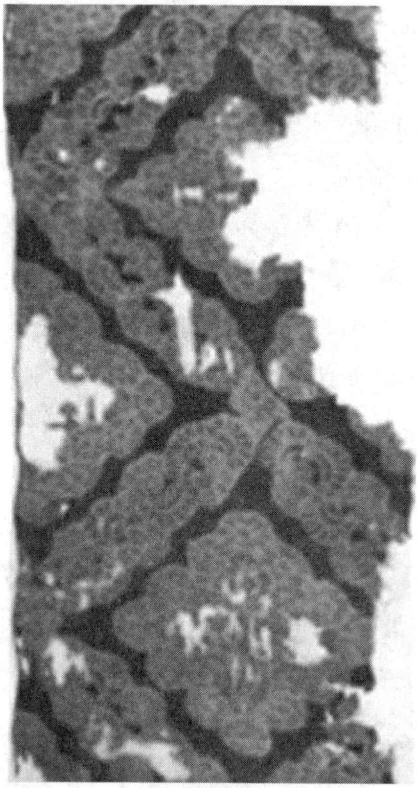
图 4–6　方胜朵花夹缬绮

是成人，3 位是儿童，其衣着线条描绘工细，设色富丽。成年妇女均穿齐胸襦裙，外加帔帛，从画面描绘来看，这些服饰大部分应由单层丝绸制成，轻、薄且飘逸灵动。服饰上面的图案精美、色彩丰富，很有可能采用的就是夹缬织物，而且在唐代的夹缬织物中也可找到类似的图案。如其中一位缝纫的妇女，长裙上的图案为花纹和蔓草组成的方胜纹，图案对称，各种颜色很明显是封闭在不同的色区中，其图案与藏经洞所出的方胜朵花夹缬绮(L：S.556：1–3) 非常相似(图4–5、图 4–6) [①]。

① 赵丰主编《敦煌丝绸艺术全集·英藏卷》，第 65 页。

第二节
绞缬和灰缬

绞缬即今日所谓的扎染，是指按照一定规律用缝、扎等方法绞结丝织品，染色后再解去缝线或扎线以得出花纹的一种防染印花工艺及产品。慧琳在《一切经音义》中对缬的解释是“以丝缚缯染之，解丝成文曰缬”[①]，此处的缬指的应该是绞缬。

敦煌马圈湾汉代遗址中曾出土过一件类似绞缬的丝织品，但用于服饰的绞缬实物在魏晋时期的墓葬才有较多发现[②]。绞缬的兴盛期应在唐朝，唐代诗人在诗歌中也常提及缬织物。据王㐨考证，唐诗中的“鱼子缬”[③]、“醉眼缬”[④]和“鹿胎”[⑤]所指的都是绞缬[⑥]。“鹿胎”指一种红地或紫地白花的绞缬，因其图案似鹿斑而得名。敦煌文书《辛卯年(991?)十二月十八日当宅现点得物色》［P.4518（28）］中也有“黄鹿胎

① （唐）慧琳《一切经音义》，上海古籍出版社，1986年，第1996—1997页。

② 赵丰《中国丝绸艺术史》，文物出版社，2005年，第84页。

③ 段成式《嘲飞卿七首·之二》“醉袂几侵鱼子缬，飘缨长罥凤凰钗”。（清）彭定球等《全唐诗》卷五八四，上海古籍出版社，1986年，第1489页。

④ 李贺《胡蝶飞》“杨花扑帐春云热，龟甲屏风醉眼缬”。（清）彭定求等《全唐诗》卷三九二，第977页。

⑤ 李群玉《寄友人鹿胎冠子》，（清）彭定求等《全唐诗》卷五七〇，第1456页。

⑥ 王㐨《王㐨与纺织考古》，艺纱堂，2001年，第94—95页。

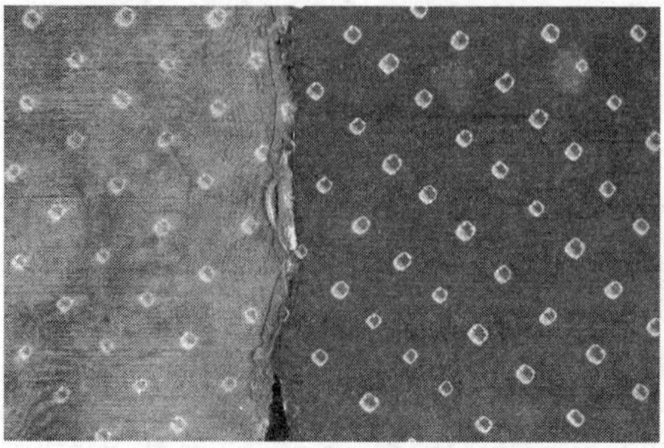

图4-7 绞缬幡面

染匹”的记载。

敦煌藏经洞发现的实物中并没有绞缬，但莫高窟第130窟中出土了一件绞缬绢幡（K130:1），褐色和绿色的绢幡面上分布着菱形的绞缬纹(图4-7)[①]。此种绞缬的制作借助叠坯加工染作半明半暗的花纹，或许就是史书中记载的“醉眼缬”。莫高窟北区发现的一块百衲织物（B222:10a）上也缝有一块类似的绞缬，以菱格纹绮绞扎，使之显现小圆点纹样，图案循环为0.6—0.7cm。

敦煌还发现过几件仿绞缬效果的丝织物，如出土于莫高窟第130窟的夹缬绢幡（K130:12）在湖蓝色地上显白色方块形图案，与绞缬非常相似，但却找不到环扎心点（图4-8）。据王㐨分析这件织物可能在染前经过了一定方法的叠坯，然后采用了双菱形凸模的夹板进行防染

图4-8 仿绞缬幡面

（图4-9）[②]。除此以外，收藏于法国吉美博物馆的浅褐地仿绞缬印花绢(EO. 1196bis/B)，应该也是采用相似的染缬方式制作。此件织物看似浅褐地上白点纹的绞缬，其实所有的白点纹样完全一致，显然是一种雕版印花形成的、模仿绞缬的效果。约1cm见方的白色方点纹样呈于浅褐色地上，方点中有一半是白色的，另有一

① 敦煌文物研究所考古组《莫高窟发现的唐代丝织物及其它》，《文物》1972年第12期，第55—56页。

② 王㐨《王㐨与纺织考古》，艺纱堂，2001年，第89—90页。

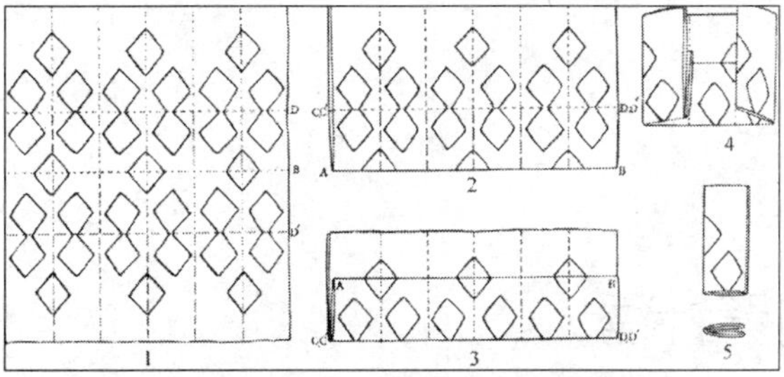

图 4–9　夹板绞缬叠坯法示意图

半是弧形的不规则的浅褐色斑点。这些仿绞缬织物的出现，或许从侧面说明了唐代绞缬的流行。

灰缬的制作工艺与蜡缬相似，然而与蜡缬用蜡做防染剂不同，灰缬使用碱剂作为防染剂进行印花。由于唐代的碱剂以草木灰或石灰为主，所以唐代的碱剂印花也往往被称为灰缬[①]。

莫高窟第 130 窟出土的绢幡（K130:1）中有一块黄色的灰缬幡面，图案由飞鸟、立鸟、朵云和小花树构成（图 4–10）[②]。类似图案的灰缬在吐鲁番也有出土，如阿斯塔那第 108 号墓中与开元九年（721）郧县庸调麻布同时出土的双丝淡黄地鸳鸯花树纹印花纱[③]。连同这件印花纱在内，不少吐鲁番出土的印染丝织品都曾被认为是蜡缬，但通过实验，武敏认为这些印花织物所采用的防染剂不是蜡，而是锌粉或亚硫酸钠之类的碱剂。

图 4–10　黄地灰缬绢幡身图案

① 武敏《吐鲁番出土丝织物中的唐代印染》，《文物》1973 年第 10 期，第 37—47 页。

② 敦煌文物研究所考古组《莫高窟发现的唐代丝织物及其它》，第 55—56 页。

③ 新疆维吾尔自治区博物馆、出土文物展览工作组编《丝绸之路——汉唐织物》，文物出版社，1972 年，图 59。

第三节

从锁绣到劈针绣

在敦煌发现的丝织品中，刺绣为数不少，这些刺绣品多为佛寺的供养之具，包括佛像、幡和幢伞等，以及大量的刺绣残片。它们的年代跨度较大，刺绣技法也丰富多样。在已发现的敦煌刺绣中，以藏经洞的唐代刺绣数量最多，也最精彩。这些刺绣品也多为佛寺的供养用具，包括绣像、绣幡头，幢伞上的者舌、带、百衲以及大量刺绣残片。刺绣题材除了佛像、供养人以外，其余的都以花鸟为主。

中国刺绣的起源很早，不过，其最有特色的针法一直是锁绣。在商代包裹青铜器的丝绸印痕和西周时期丝绸荒帷在泥土上留下的印痕来看，当时采用的正是锁针绣法。中国的刺绣在汉晋时期基本上以锁绣为主，锁绣成为出土的汉晋丝绸刺绣实物的主流绣法。湖南长沙马王堆出土的绣品和新疆塔克拉玛干沙漠四周的汉晋时期墓葬如尼雅、楼兰、营盘、山普拉等地出土的刺绣用的都是锁针。在敦煌的莫高窟并没有发现锁绣的织物，但在敦煌以北的汉长城遗址，斯坦因发现了一小块精美的刺绣残片（MAS.778）。这块残片以深蓝色素绢为绣地，质地较密，其上以 S 捻的红、绿、浅蓝、米色等各色丝线用锁绣的技法绣出曲线图案，线条流畅，可能为汉代流行的云气纹样的一部分（图 4–11）。

但是，这种针法用于制作大面积大密度的作品时过于费时费工，因

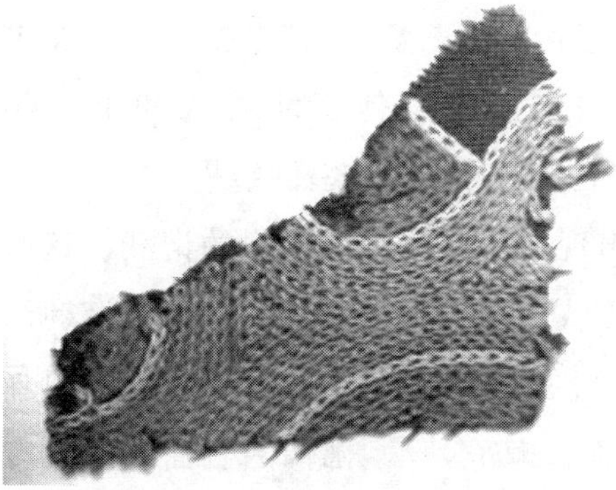

图 4-11　蓝绢地锁绣残片

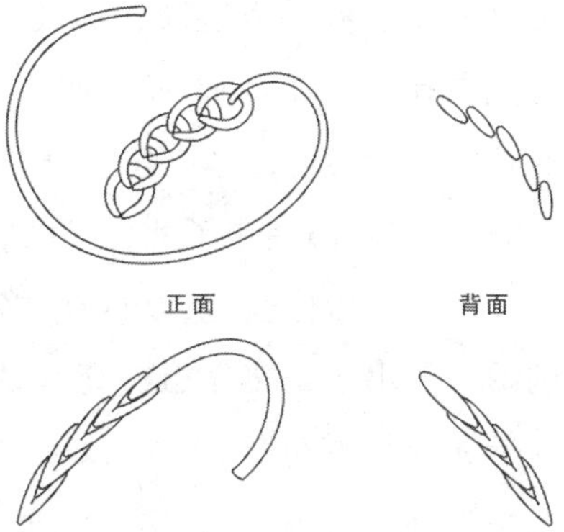

图 4-12　锁绣（上）和劈针绣（下）的正面和背面

此，绣工们尝试用一种表现效果基本一致、但效率较高的针法来代替，这就是劈针。劈针属于接针的一种，在刺绣时后一针从前一针绣线的中间穿出再前行，从外观上看起来与锁针十分相似，它和锁针的最大区别就在于劈针的绣线直行而锁针的绣线呈线圈绕行，因此其技法比锁针要相对方便得多，可以说是当时刺绣技法的一大进步（图 4-12）①。

敦煌发现的大型的以佛教为题材之绣品几乎全部采用了劈针技法，年代最早的是一件北魏时期的刺绣（K125:1）。这件刺绣高约 46cm、宽约 59cm，1965 年 3 月由当时的敦煌文物研究所工作人员在莫高窟第 125、126 窟窟前发掘出。它原来可能曾悬挂于寺庙或洞窟中，但现已残破，残存的图

图 4-13　北魏佛像及供养人刺绣

① 王乐、赵丰《从敦煌发现的刺绣看唐代刺绣的种类及其变化》，《丝绸》2012 年第 9 期，第 63 页。

案自上而下依次为边饰、佛说法图以及供养人和发愿文（图 4-13）。发愿文中有“……□□十一年四月八日直勤广阳王慧安造”。据考证，文中的广阳王为第二代广阳王元嘉，法名慧安，他于北魏太和十一年(487)，在洛阳制作了此件刺绣，并通过僧人带到敦煌供奉[①]。

佛教在唐代盛行，史料中多次出现关于皇家刺绣佛像的记载，这些刺绣一般用于祭奠先祖。高宗时，更敕造绣像高达 12 尺，“惊目骇听，绝后光前，五色相宣，六丈（文）交映”[②]。此类绣像中除了有佛祖释迦牟尼外，还有“菩萨、圣僧、金刚、狮子”[③]，佛像的侧面和下方有时还立有供养人[④]。不仅宫中如此，民间善男信女们也常常绣佛像，或置家中，或送入寺庙，以充供养。有人指出以刺绣制作佛像是为了祈福，每一针代表了一句佛经、一粒佛珠、一次修行。因为刺绣佛像是为了布施，制作刺绣佛像这一过程本身也就能积福，一针即一福[⑤]。

敦煌莫高窟发现的唐代绣像应该也都是礼佛供养之物，这点在敦煌文书中也有反映。有关绣像的记录多出现在寺院交割常住什物的点检历中[⑥]，文书 P.3432《龙兴寺卿赵石老脚下依蕃籍所附佛像供养具并经目录等数点检历》记载：“绣阿弥陁像壹，长叁箭，阔两箭”，换算后长 180—210cm，宽 120—140cm[⑦]。这幅绣像的大小与大英博物馆收藏

① 敦煌文物研究所《新发现的北魏刺绣》，《文物》1972 年第 2 期，第 54—60 页。

②《法苑珠林》卷一〇〇，《大正新修大藏经》第 53 册。

③ 法琳《皇帝绣像颂》，（清）董浩等《全唐文》卷九〇二，上海古籍出版社，1990 年，第 4175 页。

④《册府元龟》卷三一九《宰辅部·褒宠二》中记载了太宗赐好佛道的大臣萧瑀绣佛像一躯，并在佛像旁绣出萧瑀的形象，作为供养人。

⑤ 盛余韵《纺织艺术、技术与佛教积福》，胡素馨主编《寺院财富与世俗供养》，上海书画出版社，2003 年，第 64—80 页。

⑥ 如“大绣像壹”（P.4004）和“绣像壹片”（P.2613）。

⑦ 根据藏文典籍“箭杆本”规格，1 箭长 60—70cm，下文中提到的箭均以此为准。梁成秀《藏文典籍装帧与命名特点初探》，《西藏民族学院学报》（哲学社会科学版）2003 年第 6 期，第 29—31 页。

的一件刺绣《灵鹫山释迦牟尼说法图》（MAS.1129）非常接近，此说法图采用劈针绣成，长 241cm，宽 159.5cm。绣品中心是释迦牟尼的形象，他站在斑驳的岩石之前，这些岩石代表的正是灵鹫山。释迦牟尼身披红色袈裟，袒露右肩，赤脚立于莲座之上。莲座两侧各有一头白色狮子，身后用背光和头光装饰，右手笔直地指向地面，左手在胸前提起袈裟。其头部上方是一蓝色华盖，华盖两侧各有一身飞天。释迦牟尼两侧各有一佛弟子和菩萨，均是赤脚立于莲座之上的形象。菩萨基本上被完整地保留了下来，但佛弟子除了头部之外，身体的其余部分均已缺失。绣品的右下方跪着四个男供养人，其中一人为供养比丘，另外三人则均头戴黑色幞头，身穿蓝色圆领袍，身后是一个站立的男性侍者；左下方跪有四个女供养人，头梳发髻，身穿窄袖襦，外罩半臂，身系各色长裙，有的披有帔帛。一妇女身旁跪一男童，他的尺寸特别小，二人身后还立着一个身穿袍服的侍女。供养人题记上绣有“义明供养”、“一心供养”等字，但多已湮灭不可辨认（图 4–14）[①]。

由于作品巨大，它使用了绢和麻布两层绣地，大多数针脚较长，在 0.8—1.0cm 之间。这些针法明显是早期劈针绣的拉长，显得较为粗疏，但也因此比较适合于大型作品的制作。不过，正是这些针脚较长的劈针，事实上已和一般的直针相去不远，因而可以把这类劈针看作是在锁绣和平绣之间的一个过渡。从外观来看，这种劈针针法与锁针很难区分，只有同时观察背后的情况才能作出较有把握的判断。但如果是仔细考察这两件刺绣佛像又可以看出它们正处于一个变化关头。敦煌发现的刺绣《灵鹫山释迦牟尼说法图》正是唐代刺绣全盛时期的佳作，同时，这件作品也是唐代刺绣技艺发展过程中的重要一环。

另一件劈针绣佛像藏于印度新德里国立博物馆（Ch.00100），残长 81.3cm，宽 63.5cm，上面残存有 70 多尊姿势相同的佛像，均高约

---

① 赵丰主编《敦煌丝绸艺术全集·英藏卷》，第 214 页。

图 4–14　刺绣《灵鹫山释迦牟尼说法图》

10cm，分别披红色、橙色和褐色袈裟，结跏趺坐于莲座之上（图 4–15）。整幅绣像是由 20 多块大小不一的刺绣佛像拼接而成，拼接处明显，是先刺绣再拼缝。左端残存一尊完整坐佛，与中间部位的佛像不同的是，此佛像头上悬有一伞盖，伞裙上的彩色三角形装饰清晰可见，伞的两侧还分别绣了一条用联珠纹装饰的带，佛像间有时也用联珠间隔。绣像右端残存有两排供养人，上方是 3 身身着长袍的男供养人及撑伞随从；下方则是4身女供养人及其撑伞侍女，最前方的女供养人肩披蓝色帔帛，手持一朵莲花。

图 4-15　刺绣佛像

劈针绣还用于佛经。《杜阳杂编》中记载了唐代的卢眉娘“能于一尺绢上绣《法华经》七卷，字之大小不逾粟粒，而点画分明，细于毛发”。吉美博物馆敦煌藏品中也有一件刺绣佛经（P.4500），是《佛说斋法清净经》的片段。绣前先在灰蓝色的绢地上用墨线打框，墨框的宽度约22cm，每列宽度约1.7cm，再用墨书经文，最后用浅褐黄色无捻丝线以劈针刺绣。绣字共48列，前片23列，后片25列，每列17字，共约有816字。藏经洞中还有一件五代后周显德七年（960）的墨书《佛说斋法清净经》。在唐代之后，刺绣佛经实物也时有所见，但我们所知的保存较好的传世品是现收藏于首都博物馆的《妙法莲华经》第5卷，此绣品绣于元至正二十六年（1366）[①]。刺绣佛经虽然在藏经洞的实物中仅此一例，但大篇的刺绣文字在前面提到的北魏刺绣中也有出现，其技术也非常接近。

① 北京市文物局编《北京文物精粹大系：织绣卷》，北京出版社，2001年，第60—63页。

第四节

平　绣

锁绣和劈针绣几乎涵盖了唐以前的出土刺绣，但在唐代，刺绣有了很大的发展，其技法也大大丰富起来。目前所知的一般平绣的大量出现是在敦煌藏经洞和扶风法门寺地宫，这与唐代刺绣生产的发展有着密切的关系。当时刺绣除了大量用于佛教用途的祈福外，更多的则是充当显示豪华的装饰品，史载玄宗时贵妃院有刺绣工人七百人，规模极大，她们的主要工作应该是制作日用装饰性刺绣。

敦煌文书中记载的刺绣除了绣裙、绣衫子、绣鞋、绣袜等日常服饰以外，更多的是绣像、绣伞、绣经巾、绣幢裙、绣者舌和绣带等寺院用品。仅文书 P.2613《唐咸通十四年（873）正月四日沙州某寺交割常住物等点检历》就记录了“绣像”、“大白绣伞”、“团绣伞子”、“青绣幢裙”、“绯罗绣带”、“白绣罗带”、“绣花”、“绯绫绣褥”等多种刺绣品。在这样的情况下，耗工耗时的锁绣和劈针绣已无法满足人们日益增长的需求。为提高刺绣效率，大量采用平绣必然成为一种发展的趋势。

敦煌发现的刺绣《灵鹫山释迦牟尼说法图》正是唐代刺绣全盛时期的佳作，同时，这件作品也是唐代刺绣技艺发展过程中的重要一环，针脚较长的劈针和平针已相去不远。平绣就是一种以平针为基础的针法，

图 4–16　百衲刺绣局部

运针平直，只依靠针与针之间的连接方式进行变化。平绣常用多种颜色的丝线绣作，其色彩丰富，因此也被称作“彩绣”。

敦煌出土的寺院用品幡、伞盖和百衲上也大量用到平绣。现在收藏于大英博物馆的百衲（MAS.856），长 150.5cm，宽 111cm，由不同面料拼缝而成（图 4–16）[①]。这件百衲的四周边缘是蓝地对鸟衔枝纹夹缬绢，中间则由绢、绫、绮、锦、夹缬绢和绢地平绣等缝合而成，在制作时按一定的对称规律拼贴。位于中间的是红绢地的刺绣花卉，残损较严重。还有两块保存完好的白色绢地上用红、蓝、绿、黄、白等彩色丝线绣成的花卉，用深浅不同的色彩表现出花瓣的晕𬘡效果，十分精美。

敦煌的伞盖上也有大量的刺绣。大英博物馆所藏伞裙（MAS.855）保存完好，基本保留了物品原来的面貌。裙腰下的三角形者舌和条形、结形等各种形制的垂带由绢、素罗、暗花罗、绮、绫、锦以及各色以平绣为主的刺绣丝织物缝制而成（图 4–17）[②]。这些伞裙上的刺绣基本上都是以罗为地。以罗为绣地的刺绣在藏经洞所出的织物中很常见，如罗地花卉纹绣（L:S.598）和绿罗地刺绣花卉（EO.1191/B）均以罗织物为绣地，并在其背后再另衬一层绢织物，这种将罗和绢绣在一起的方法在史料中被称为“罗表绢衬”，因此我们亦可称其为衬绢绣。以罗为绣地的风格是对战国秦汉时期刺绣传统的继承，而且因为是日用刺绣，不像绣

① 赵丰主编《敦煌丝绸艺术全集·英藏卷》，第 108—111 页。

② 赵丰主编《敦煌丝绸艺术全集·英藏卷》，第 46—51 页。另，伞裙上的部件及其名称，参见本书第六章第三节。

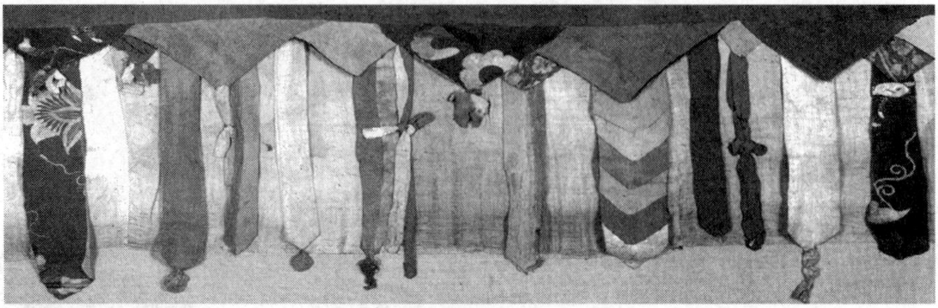

图 4-17　伞裙刺绣局部

像那样致密，因此这种风格一直到宋元时期仍有影响。

莫高窟北区出土的刺绣不多，主要包括荷包、百衲、残片等 4 件，都具有典型的元代风格。其中保存最为完整的是深蓝地柿蒂窠花卉纹刺绣残片（B121:15）。此残片分为三层，最外层是由三角形的不同织物拼成的百衲区，很有可能是一个小型伞盖的边饰，上面用彩色丝线绣出各种花叶图案；二层是以橙色为地的缘，是用同一件绣片经剪裁之后拼成的一条装饰带，最中间是深蓝地上绣的柿蒂窠花卉纹，中间是一朵完整的莲花，十分雅致[①]。此件元代刺绣的主要针法为平绣（图4-18）。

平绣与唐代早期的劈针绣有较大的区别，但在唐代晚期、五代、辽金甚至更晚时期的刺绣中都可以找到大量的实例，这或许可以说明，平绣这一技法开始于唐代晚期，并一直延续和流行至宋元。

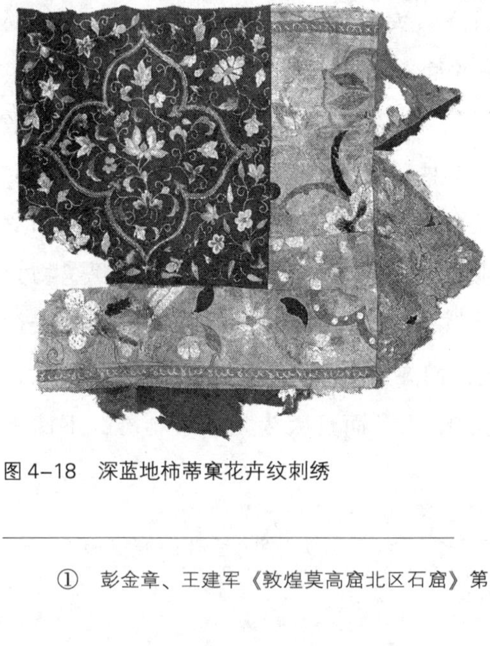

图 4-18　深蓝地柿蒂窠花卉纹刺绣

① 彭金章、王建军《敦煌莫高窟北区石窟》第 2 卷，文物出版社，2004 年，图 13。

第五节

加金绣

在刺绣的丝线中加入金线的刺绣就称为加金绣，金线可以是捻金线或片金线。根据金线的排列不同，加金绣又可分为蹙金绣、盘金绣和钉金绣等。事实上，蹙金绣、盘金绣和钉金绣往往很难明确区分，一般认为，以金线为主要图案的刺绣称为钉金绣，以盘金块面为主要图案的刺绣称为蹙金绣。但这几种绣法都有一个共同的特点，就是金线都是靠丝线将其钉缝在织物表面上的，而不像其他几种绣法那样在织物上穿来穿去，这不仅减少了金线的磨损，还将金线最大可能地展示在人们眼前，从而增加了刺绣的华贵感。

蹙金绣耗金最多，当然也是一种奢华的高档品，非一般平民百姓所能享用。《中华古今注》中曾记载隋大业末期，奢侈成性的隋炀帝曾令将绯罗蹙金飞凤被子作为宫人和百官母妻等的朝服和常服，但最早出土蹙金绣实物并有明确的“蹙金”记载的则是法门寺地宫。地宫封闭于 874 年，其中出土的实物多为皇家礼佛的供品，《物帐碑》则记载了地宫中的供奉情况。《物帐碑》上记载有“蹙金银线披袄子一领”和“蹙金鞋五量”[①]，此处，“蹙金”就是指蹙金绣。地宫中出土的一件红罗

---

① 韩伟《法门寺地宫唐代随真身衣物帐考》，《文物》1991 年第 5 期，第 27—29 页。

地刺绣，其上面的荷花纹由极细的金丝盘绕而成，再用丝线钉缝，显得富丽华贵。另外还出土了一套五件绛红罗地绣金衣物模型，采用的也是蹙金的技法。

蹙金绣未见于藏经洞所出的刺绣物品之中，但藏经洞中出土了一批钉金和盘金绣品。钉金绣往往会与其他的绣法结合使用，如大英博物馆藏刺绣小立佛（MAS.911），其主体采用的是劈针，针脚较为致密，以深棕色绢为绣地，其上用蓝、绿、褐、黄等各色丝线以劈针绣出图案。这件立佛除劈针外还采用钉绣片金线以勾边，这开启了晚唐五代大量使用钉金银绣的先河。大部分金箔已脱落，露出黑色背衬物，可能为动物内脏薄膜或类似之材料。如果属实，此件刺绣应是国内目前所知的绣品中最早将动物内脏作为背衬的片金实物。

同时，平绣中也经常加入以金线或银线绣勾边的技法，藏经洞发现的刺绣中有不少这样的例子，如紫色纱地压金彩绣龙片（L:S.528），纹样用红、粉和白色丝线以平针绣绣成，图案轮廓以红色丝线钉缝，纸背片金勾边；深蓝菱格绫地压金银花卉纹绣（MAS.915）以彩色丝线平针绣出花卉纹样，除了以红色丝线钉缝片金线勾边外，还使用了片银线，并以白色丝线钉缝（图 4-19）①。这种金线勾边的刺绣方法在扶风法门寺地宫出土物中也所见极多，其流行于辽金时期，被称为“压金彩绣”。

图 4-19　深蓝菱格绫地压金银花卉纹绣

① 赵丰主编《敦煌丝绸艺术全集·英藏卷》，第 226 页。

图 4–20　白色绫地彩绣缠枝花鸟纹绣片局部

压金绣有时采用圆金线，有时也采用片金线进行钉金绣勾边。

敦煌发现的刺绣实物中盘金绣不多，但很精美。如白色绫地彩绣缠枝花鸟纹绣片（MAS.857），原为长方形绣袋，对折，两端及一边缝合而成，现已打开拆成一长方形绣片①。绣地为两层，白色花卉纹绫背衬白色绢，以缠枝花卉为主体纹样，用墨绿、蓝、黄、棕、米、橙等各色丝线以平针绣成，并钉绣捻银线以作边，花间点缀有以盘金绣绣成的飞鸟图案，每两根金线用棕色丝线同时钉绣（图 4–20 ）②。

刺绣在唐代有了很大的发展，刺绣技法也大大丰富起来。利用金线作为装饰的绣法在唐以前的出土实物中几乎没有发现，钉金绣和蹙金绣的实物却大量出自法门寺地宫和敦煌藏经洞，或许这种技法也是在唐代成熟并流行的。

① Roderick Whitfield, *The Art of Central Asia: the Stein Collection in the British Museum*, Vol.3. Kodansha International in cooperation with the Trustees of the British Museum, 1983, p.185.

② 赵丰主编《敦煌丝绸艺术全集·英藏卷》，第 225 页。

第五章

丝绸图案的演变

出土于藏经洞的敦煌丝织品无论从数量还是质量上来说都是很引人注目的，织物上的图案极为丰富，不少织物还可以与敦煌文书中的记载以及敦煌壁画和彩塑上反映的服饰图案相对应。虽然藏经洞的封闭年代是在北宋初年，藏经洞所出织物也多为唐代，但它们也有时代前后之分，特别是在比较了新疆吐鲁番阿斯塔那墓出土的文书和丝织品及敦煌莫高窟有明确年代的壁画中的服饰图案之后，我们可以将藏经洞所出的丝织品进行分类和分期，以研究北朝、隋唐、五代至宋初敦煌地区丝织品图案的演变过程。

第一节
北朝骨格

藏经洞中发现的北朝至隋代的丝绸实物虽不多，但同时期的莫高窟壁画中却反映出不少丝绸图案。以几何纹为骨架的丝织品图案在这一时期的壁画中大量出现。按照骨架形状的不同，这一时期的几何纹骨架主要可以分为规矩骨架、交波骨架和列堞骨架。

图 5-1　莫高窟第 427 窟彩塑菩萨裙图案复原

规矩骨架是指以方形或菱形构成的骨架。莫高窟第 254 窟北魏壁画《降魔变》中魔王之子的长袍和第 427 窟隋代彩塑菩萨裙上都绘有以菱格为骨架，内填小花的服饰图案（图 5-1）①。莫高窟第 292 窟南壁的菩萨半臂上的图案则是在直线和 S 形线条组成的复合正方形骨架中填以联珠

① 常沙娜《中国敦煌历代服饰图案》，中国轻工业出版社，2001 年，第 75 页。

图 5-2　莫高窟第 292 窟
方格联珠花卉纹服饰图案

圈小花和忍冬纹，方格交角处置以小朵花（图 5-2）。类似图案的丝织物在藏经洞中没有发现，但勒柯克曾在新疆吐鲁番吐峪沟的洞窟中发现了一块色彩和图案都非常相似的丝织物①。此件丝织物的图案以红色为地，条状的矩形骨架内填小联珠，骨架相交处为一朵花，骨架内中间为一团花，四角探出卷草纹。

藏经洞的隋代壁画中还出现了交波骨架，这是一种将两条波状曲线交叠而成的基本骨架。莫高窟隋代第 420 窟中彩塑菩萨的内衣图案就是在交波骨架中分别填以狮和凤（图 5-3）。此种交波骨架的丝织品并未见于藏经洞的发现物中，但从吐鲁番和青海都兰出土的丝织品来看，交波骨架流行于北朝至初唐，骨架内多填动物纹样，如吐鲁番发现的一件交波联珠鸟兽锦，在由联珠圈组成的交波骨架中排列着对鸟和对兽纹样，时属高昌和平元年（551）②。

图 5-3　莫高窟第 420 窟交波狮凤图案

列堞骨架是指由涡卷状的云气纹构成的曲波形骨架，每层曲波用直线相连，形成类似西方建筑中的拱形柱廊。此类骨架的织物在藏经洞仅发现一例：红地楼堞龙凤虎纹锦（MAS.926）。织

① A.von Le Coq, Chotscho: *Facsimile-Wiedergaben der wichtigeren Funde der ersten Königlich Preussischen Expedition nach Turfan in Ost-Turkistan*, Berlin: Dietrich Reimer, 1913, pl.51a.

② 赵丰《唐代丝绸与丝绸之路》，三秦出版社，1992 年，第 156—157 页。

物正面为白花红地，背面为红花白地，龙纹及龙身形成楼堞状的骨架并饰有涡状卷云纹，凤纹(或朱雀纹）和虎纹交替换行横立在楼堞骨架之中(图 5–4)。此类织锦应该就是隋代文献中所称的“列堞锦”[①]。从考古实物来看，新疆吐鲁番阿斯塔那墓群出土的北凉十三年（455）的瑞兽纹锦的构图风格与此相似，但动物更为繁多(图 5–5）[②]。同一地区出土的一些暗花绮织物上也有类似的卷云形成的楼堞纹[③]。新疆尉犁营盘墓地也曾出土大量类似织物，斯坦因曾在甘肃敦煌烽燧遗址中发掘过一件类似风格的织锦残片（T.XV.a.iii.0010. a）[④]。因此，从锦 MAS.926 的组织结构及图案风格来看，其年代可能会早至北朝时期。

图 5–4　红地楼堞龙凤虎纹锦图案复原

图 5–5　吐鲁番出土的瑞兽纹锦

---

① 朱启钤《丝绣笔记》卷下，第 1 页，引《拾遗记》。成书于隋代的《拾遗记》曾记载周成王时有“楼堞锦”，隋代人记载周成王之事显然不可能，但这里的楼堞锦很有可能就是这类涡云式云气动物纹锦的反映。

② 中国新疆维吾尔自治区博物馆、日本奈良丝绸之路学研究中心《吐鲁番地域与出土绢织物》，2000 年，图 3。

③ 新疆文物考古研究所《阿斯塔那古墓群第十次发掘简报》，《新疆文物》2000 年第 3—4 期，第 84—167 页。

④Aurel Stein，*Serindia: Detailed Report of Explorations in Central Asia and Westernmost China*（Vol.4），Oxford：Clarendon Press，1921.

第二节
万种团窠

团窠又作团科，指的是一种圆形或圆形环内置主题纹样的相对独立的图案。同时，团窠也指一种排列形式，即由主题纹样的团窠和辅花一起进行二二错排，形成一个完整的图案。唐代的团窠纹样主要包括联珠纹和宝花纹。

一般认为丝绸之路上西方图案对中国丝绸图案影响最大的是联珠纹。这是一种以若干小圆圈按照圆形规律排列成团窠外环的纹样，因其小圆圈形成一条轨迹如同联珠而得名，联珠环中通常填以动物或花卉等各种纹样。联珠团窠若四圆环相接排列则形成簇四骨架，但更多的时候团窠互不相连，团窠之间布有辅花，团窠与辅花呈二二错排。联珠纹用于丝绸图案最早见于北齐徐显秀墓壁画中的服饰，其中有联珠对狮、对鹿和菩萨头像等不同纹样[①]。敦煌莫高窟第 420 窟隋代彩塑菩萨服饰上也绘有联珠狩猎纹锦和联珠飞马纹锦（图 5-6）。联珠纹锦的实物在吐鲁番最早见于北朝晚期至隋代，阿斯塔那 TAM48 所出联珠对孔雀“贵”

① 山西省考古研究所、太原市文物考古研究所《太原北齐徐显秀墓发掘简报》，《文物》2003 年第 10 期，第 4—40 页。

字纹锦覆面，同墓伴出公元596—617年的衣物疏[1]。藏经洞出土织物中也有少量的联珠纹锦，一件是小窠联珠对鸟纹经锦(MAS.864)，图案是联珠小团窠纹，窠内是对鸟，鸟体很小，团窠之间用小朵花相连，呈簇四骨架排列。这种骨架由四个联珠环四方连接而成，这种图案在初唐时期非常流行。另一件是纯联珠的纬锦(L:S.636)，其联珠团窠之间并不相连，完全可以代表初唐时期联珠纹样在中国的流行情况。

图5-6　莫高窟第420窟联珠纹

初唐或者更早一些，西方的纬锦也开始在敦煌一带出现并流行。采用纬锦织造技术可以织出直径更大的团窠纹，而且环中的主题纹样更为丰富。莫高窟中唐时期的第158窟卧佛枕头图案采用的正是这一图案(图5-7)。另外，敦煌藏经洞发现的属晚唐时期的文书中多次提到“番锦”一名，应该正是指这样的锦。如《唐咸通十四年（873）正月四日沙州某寺交割常住物等点检历》(P.2613)载：“大红番锦伞壹，新，长丈伍尺，阔壹丈，心内花两窠。又壹张内每窠各师子贰，四缘红番锦，伍色鸟玖拾陆。”[2]这一文书中所提到的五色鸟番锦可以在青海都兰热水吐蕃墓出土的丝织品中找到，这也正好与莫高窟第

图5-7　莫高窟第158窟瓣窠含绶鸟图案

① 新疆维吾尔自治区博物馆出土文物展览工作小组《丝绸之路——汉唐织物》，文物出版社，1973年，图27。

②唐耕耦、陆宏基《敦煌社会经济文献真迹释录》第3辑，全国图书馆文献缩微复制中心，1990年，第13页。

158 窟中所用的枕头图案完全一致。而提到的狮子番锦也可以和藏经洞发现的经帙上所用的尖瓣团窠对狮纹锦相对应（MAS.858）。这种以三角形叶为团窠环的对狮锦是目前世界各地收藏最广的具有粟特风格的织锦之一。由于在敦煌藏经洞中出土了带有相似图案的织物，因此可推断此类锦在当时曾流行于中国的西北地区，但保存最为完好的应数收藏于法国桑斯（Sens）主教堂中的一件。该件织物保存极为完整，一幅宽中有 4 个团窠，在经向上则有 7 个团窠，上下左右各有较为简单的图案边框。以 20 片三角形的尖瓣组成一个团窠环，主题纹样是一对有翼的狮子站立于棕榈花盘之上，团窠之外则是一对动物与位于中间的花树。将藏经洞出土经帙上的织锦图案进行复原，我们可以看出，它们之间的图案是十分相似的。

藏经洞中还发现过几件明显带有中亚风格的联珠纹织锦[①]。如红地联珠对羊纹锦（MAS.862），此锦以联珠连成团窠环，窠中是对羊，这是一种头上带有角叉的野山羊，脚踩棕榈花盘，窠外是瓣窠中的对鸭纹（参见图 8–4）。类似风格的织锦很多，如收藏于比利时辉伊（Huy）主教堂中的一件以多重联珠作环的织锦，中间的对羊与红地联珠对羊纹锦窠内的对羊非常相似；另一件淡红地团窠对鸭纹锦（MAS.863），其团窠环内的对鸭与联珠对羊纹锦窠外的对鸭造型也非常相似（参见图 8–5）。

联珠纹传入中国后，渐渐地与中国风格的卷云纹和花卉纹结合，产生了由联珠环和花瓣或卷云等构成的复合式联珠环团窠。吐鲁番阿斯塔那 226 号墓曾出土过一件带有景云元年（710）墨书题记的黄色团窠双珠对龙纹绮，其上饰有双层联珠构成的复合式联珠环，其辅花为复杂的十样花卉。同样图案的绫在敦煌莫高窟北区也发现过（B43:6），虽然其图案较残，但可以明确判断是团窠双珠对龙纹图案[②]。与此类似的是收

① 中亚风格的织锦详见本书第八章第二节。

② 原书中记录为妆花纱，但实为绫。彭金章、王建军《敦煌莫高窟北区石窟》第 1 卷，文物出版社，2000 年，图 5。

图 5-8　联珠卷云环花叶纹绫图案复原

藏于旅顺博物馆的编号为 20.1449 的百衲织物中的一块团窠纹绫(图5-8)。其团窠外环由卷云纹和联珠纹构成，环内是花卉纹和树叶纹，也应该属于复合式联珠团窠排列，流行年代当在初唐、盛唐之间。

大约到了唐代中期或晚期，还出现了一种与联珠团窠形式较为相似的朵花环团窠。这可以看作是联珠的一种变形，单纯的圆珠变成小团的朵花。其实例如大英博物馆藏的朵花团窠对鹿纹夹缬绢（MAS.874），其团窠环虽然有点类似联珠团窠，但其实已为朵花团窠，窠内是花树对鹿，窠外为复杂的十样花卉（图 5-9）。上文提及的淡红地团窠对鸭纹锦（MAS.863）所用的团窠环也是一种朵花团窠。

图 5-9　朵花团窠对鹿纹图案复原

盛唐至中唐最为典型的丝绸图案是团窠宝花。《新唐书·地理志》载越州贡罗中有“宝花花纹”者，指的就是以宝花作图案的罗；日本正仓院中亦有“小宝花绫”墨书题记的织物传世[①]，分析其图案可知小宝花就是较小的宝花图案。

最简单的宝花图案其实只是四瓣朵花，又称柿蒂花，这种小花在唐代

① 松本包夫《正仓院裂と飞鸟天平の染织》，紫紅社，1984 年，第 178 页。

图 5-10 夹缬宝花图案复原

的绫绮织物中十分流行。藏经洞所出彩条朵花纹锦（MAS.924、L:S.651）上的朵花的花瓣为双层，一种是内层四瓣、外层六瓣；另一种是内层和外层均为六瓣（参见图 3-9）。宝花就是在这类朵花之基础上变化而成的一种图案形式。在宝花艺术发展的过程中，最初是把花瓣与叶、花蕾结合起来，这些花蕾多取其侧面造型，因此初看与花瓣的效果相仿，我们可以根据史料称其为十样宝花，如藏经洞出土的十样花纹锦（MAS.919、L:S.337）和大量夹缬作品中的宝花图案（L:S.294、Дx286a+b）(图 5-10)。后来花蕾变成了花苞，所占比重也越来越大，装饰手法中采用了多层次的晕䌹，宝花更加显得华贵、庄重，使人不觉为之倾倒。在藏经洞中最为典型的实例要数宝花纹彩绘麻布伞盖（L:S.620）。这种风格在开元年间达到了全盛，并一直流行到晚唐甚至五代、北宋。较此稍迟，宝花图案也从天上回到人间，风格逐渐走向写实，变得清秀起来，尽管还有以往的骨架，但看起来更像是一簇鲜花，甚至还有一些蝶飞鹊绕的形象进入宝花的领地，此类图案已失去宝花那种华贵富丽的气质了。如维多利亚阿伯特博物馆所藏蓝地团花对鸟纹锦（L:S.331:1）的团花由四只飞鸟和花叶纹组成（图 5-11）。

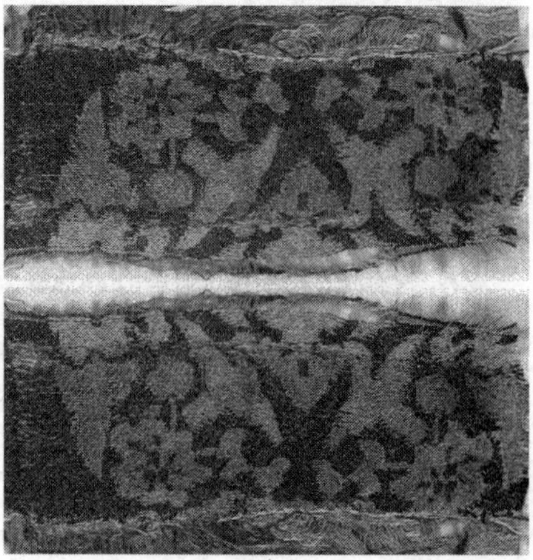

图 5-11 蓝地团花对鸟纹锦图案复原

从宝花图案演变出来的还有

图 5–12 团窠葡萄立凤“吉”字锦图案复原

“陵阳公样”。张彦远《历代名画记》（约大中初，847）载：“窦师纶，字希言，纳言，陈国公抗之子。初为太宗秦王府咨议，相国录事参军，封陵阳公。性巧绝，草创之际，乘舆皆阙，敕兼益州大行台检校修造，凡创瑞锦宫绫，章彩奇丽，蜀人至今谓之陵阳公样……高祖、太宗时，内库瑞锦对雉、斗羊、翔凤、游麟之状，创自师纶，至今传之。”与唐代丝绸实物相比，花环团窠与动物纹样的联合很可能就是陵阳公样的模式[①]。这种图案出现在初唐，盛行于盛唐，中唐仍有流行。藏经洞出土的陵阳公样并不多，大英博物馆所藏縴丝幡头（MAS.905）上的图案虽然小，却可以确定为陵阳公样。另一件藏于法国吉美博物馆的团窠葡萄立凤“吉”字锦（EO.1201），大概可算是同类产品中最早的一件。团窠环循环约为30cm，属于中窠规格。葡萄缠绕，枝繁叶茂，立凤却已残，仅见足与尾；一足立地，这已是初唐后期的造型风格了（图 5–12）[②]。

一些中国较为流行的宝花图案也被用于中亚织锦，这一方面，藏经洞所出的红地宝花纹锦（MAS.865 和 L:S.642）(参见图 8–6）和黄地联珠花树卷草纹锦（MAS.917）（图 5–13）是两个较好的例子，特别是前者，其宝花图案的设计与中原地区的宝花几乎没有区别。

---

① 赵丰《隋唐丝绸上的团窠图案》，《故宫文物月刊（台北)》，1996 年 7 月号。

② Krishna Riboud and Gabriel Vial, *Tissus de Touen-houang conservés au Musée Guimet et la Bibliothèque Nationale*, Paris: Adrien-Maisonneuve, 1970, p.115.

图 5-13　黄地联珠花树卷草纹锦图案复原

图 5-14　红地团凤纹妆花绫图案复原

自唐代晚期开始，一种由两只鸟或兽头尾相接回旋排列而成的小型团窠开始出现，这种排列方法被工艺美术界称为“喜相逢”，我们在研究时也称为回旋团窠。这种回旋团窠不仅在团窠核心部分与之前所述团窠不同(前述团窠采用的是轴对称形式，回旋团窠采用的则是中心对称形式)。而且，这两种团窠在排列上也不尽相同，前述团窠通常有主辅两种主题交替排列，而回旋团窠通常只有一种主题纹样，二二错排。同时，经向行距松散而纬向行距较紧，最后形成的效果是团窠的周边形成长六边形的空隙。

目前所见最早的回旋团窠实物是法门寺地宫出土的一件鹦鹉纹锦①，这种回旋团窠还大量出现在辽式纬锦和妆花绫中，如蓝地团窠鹰纹锦(L:S331:1)，其组织结构为三枚辽式纬锦，织物较残破，现仅见两个鹰头的纹样，一左一右，是典型的喜相逢形式排列，其间点缀有朵云纹样。另一件为红地团凤纹妆花绫 (L:S.644)，其红地上以黄色丝线用妆花技法织出双凤纹样，头在中间，有冠，尾似枝叶 (图 5-14)。还有一

① 赵丰《织绣珍品》，艺纱堂，1999 年，第 148—149 页。

类是红地团狮纹锦（L:S. 326），在红色的地上用黄、蓝和绿色表现两只呈头尾相接、奔跑的狮子，这种造型自然也是一种喜相逢的形式(图 5-15)。

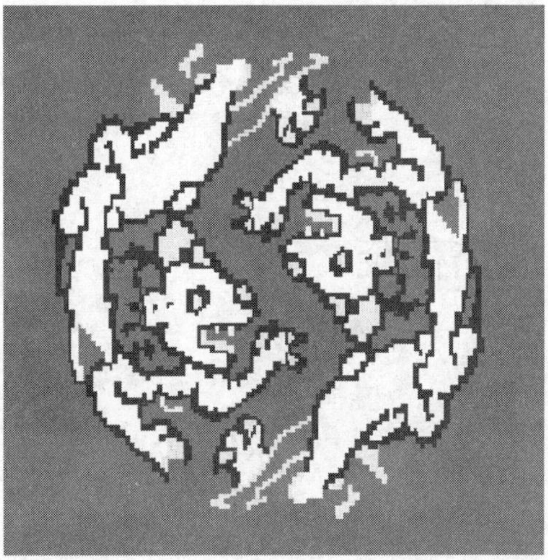

图 5-15 红地团狮纹锦图案复原

这种喜相逢的图案也出现在绘画和壁画中。法国吉美博物馆收藏的一组红地彩绘团雁纹麻布幡（MG. 24643-34650），其幡面和幡头斜边上绘有一组首尾相接的飞雁纹小团窠，呈四方连续排列，应是对当时丝绸纹样的模仿（参见图 6-8）①。勒科克在新疆吐鲁番发现的麻布幡上的回鹘国王身上也绘有非常相似的飞雁团窠②，此类图案可能是唐代晚期的流行图案。

---

① 赵丰主编《敦煌丝绸艺术全集·法藏卷》，东华大学出版社，2010 年，第 87—89 页。

② 阿尔伯特·冯·勒科克、恩斯特·瓦尔德施密特《新疆佛教艺术》(上)，新疆教育出版社，2006 年，第 256 页。

第三节

枝繁花茂

图 5-16　莫高窟第 98 窟曹议金家族女供养人服饰图案

约自盛唐起，折枝花纹样开始大量出现，这是一种由花头和叶，有时还包括花枝组合而成的散点图案。其相对应的图案排列形式是散点式，各折枝花之间没有相互关联。《新唐书》中记载，唐高祖在位时“亲王及三品、二王后，服大科绫罗，色用紫，饰以玉；五品以上服小科绫罗，色用朱，饰以金；六品以上服丝布交梭双紃绫，色用黄”。及至唐文宗即位时，则将当时的官服图案做了变更：“三品以上服绫，以鹘衔瑞草、雁衔绶带及双孔雀；四品、五品服绫，以地黄交枝；六品以下服绫，小窠、无文及隔织、独织”①。这里的鹘衔瑞草、地黄交枝

① (宋) 欧阳修、宋祁等《新唐书》卷二四《车服志》，中华书局，1975 年，第 527 页。

图 5–17　菱格纹绮地刺绣鸟衔花枝图案复原

都应属折枝花纹。

由花和叶构成的折枝花服饰图案在盛唐的壁画中已有出现，最典型的是莫高窟第 130 窟《都督夫人礼佛图》中都督夫人、家眷以及侍女们的襦、裙和半臂多使用了折枝花图案的面料。莫高窟第 98 窟晚唐壁画中女供养人的帔帛和衫裙的图案中已大量出现折枝花和折枝花鸟的形象，更多鸟踏花盘、飞鸟衔枝及鸟穿花间的纹样则出现在五代曹议金家族的女供养人服饰上（图 5–16，参见图 1–8）。

在藏经洞所出的丝绸实物中，折枝花的数量非常大。其中包括几种主要类型：一是以宝花或是团花为基础，穿插鸟、雁、鹰、云等纹样形成的花鸟团窠纹样，其实例有红地飞雁纹锦（MAS.920a-b）、红地雁衔卷草纹锦（MAS.920c）、红地雁衔花枝纹锦（MAS.870）、红地花卉方胜联珠飞鸟纹锦（L：S.301）、蓝地团花对鸟纹锦（L：S.331：1）、红地团花妆花绫残片（MAS.871）等；二是完全自由的花鸟图案，在散点排列的花间穿插着各种飞翔的鸟及奔跑的鹿等动物，这种纹样主要应用在刺绣上，如白绫地缠枝花鸟纹刺绣（MAS.857），在一块长方形的绣片上以缠枝花卉为主体纹样，用墨绿、蓝、黄、棕、米、橙等各色丝线以平针绣成，并钉绣捻银线作边，花间点缀有以盘金绣绣成的飞鸟图案（参见图 4–20）。其他的还有墨绿罗地花鸟鹿纹绣（1919.0101.052）、蓝罗地彩绣花鸟（L：S.525）

图 5–18　墨绘蔓草纹幡足图案

图 5-19　对鸟衔枝夹缬图案

和菱格纹绮地刺绣鸟衔花枝（EO.1191/A）（图5-17）等。

以花、叶作为主题纹样穿插于波状植物藤蔓间形成的缠枝花，在藏经洞所出的丝织品中也有大量发现，对于这类图案我们可以称其为缠枝花排列，其花枝走向基本呈 S 状。

敦煌丝织品中有很大一部分为带状幡足和幡带，上面的手绘图案多为缠枝纹。如墨绘蔓草纹幡足（EO.1197/ter、EO.1204/bis），其上的蔓草纹婉转流畅，节奏明快（图 5-18）。红色花卉纹绫（MAS.939）和蓝地花卉纹夹缬绮（EO.1194）则是在由花卉或藤蔓组成的对波中填入花卉纹样。此类图案还经常出现在壁画服饰的边饰上，如莫高窟盛唐第 328 窟阿难的领边饰以及第 194 窟王侯及其随从的领边和袖边饰。鸟的形象也常出现在缠枝花间，百衲经巾（MAS.856）上一块对鸟衔枝夹缬的图案就是以缠枝花为骨架，填入飞鸟，形成鸟衔花枝的缠枝式排列（图 5-19）。

第六章

佛教中的纺织用品

纺织品在唐人日常生活中的用途很广泛，这一点在敦煌发现的织物中已有反映，在敦煌文书中更是多有记载。通过对实物的研究和敦煌文献的考证，我们可以发现敦煌纺织品，尤其是藏经洞发现的丝绸制品，多为供养菩萨、庄严道场的法器。敦煌作为佛教圣地，从魏晋时期开始广建寺庙、石窟，至唐宋时期，敦煌的官寺、私庙、乡里坊巷寺达四十七处之多，兰若约二十六所，私家佛堂不下十五个[①]。僧尼众多，宗教活动频繁。在当时，重大的佛教节日主要有：正月十五佛陀涅槃、二月初八佛陀出家、四月初八佛陀诞生、七月十五盂兰盆会、腊月初八佛陀成道等，在这些佛教节日庆祝活动中都会用到大量的纺织品。

敦煌文书《后唐天成三年（928）七月十二日都僧统海晏于诸寺配借幡伞等帖》（S.2575）记载了敦煌为准备七月十五日盂兰盆节而向诸寺并借法器之事：

有常例，七月十五日应
官巡寺，必须并借幢伞，庄严道
场。金光明寺，故小娘子新见要伞
拾副，龙兴三副，官绣伞叁副，普伞
壹副，幡伍拾口，经巾壹条，额壹条。安国
大银幡贰拾口，经巾壹条，额两片，
开元寺大银幡陆拾口，灵修绣幡
捌口，乾、净土各额壹条。
大云寺要伞叁副，开壹副，国壹副，
乘额一条，幡叁拾口，灵修银幡贰拾口，
经巾壹条，额壹条，伞壹副，大绣像二。
灵图寺要伞两副，普两副，奉唐寺

① 谭蝉雪主编《敦煌石窟全集·民俗画卷》第25卷，上海人民出版社，2001年，第190页。

幡贰拾口，安国寺幡贰拾口，额壹条，

经巾壹条，普青裙额一条，灵修、莲、

安国寺官幡各七口。

三界寺要伞，灵修伞壹副，大乘

壹副，乘额壹条，经巾壹条，莲、

净土各幡柒口，开大像贰，大额

壹条，国经巾壹副。

右上件所配幡伞，便须准此支付，不

得妄有交互者。天成三年七月十二日帖。

应管内外都僧统海晏。

文书中提到出借法器的寺院共14家：金光明寺、龙兴寺、普光寺、安国寺、开元寺、灵修寺、乾元寺、净土寺、大云寺、莲台寺、灵图寺、奉唐寺、三界寺、大乘寺[①]。其中庄严道场的法器数量众多，包括幡263口、伞30副、额11条、经巾6条、佛像4幅，这些都由上述诸寺提供。

除此以外，幡、盖还用于庆祝农历二月初八佛陀出家的行像活动。文书S.2146对此也有记载："……爰集缁徒，竞持幡盖，列四门之胜会，旋一郡之都城。"[②]敦煌每年正月还举办白伞旋城活动，人们安白伞于城的四面，竖胜幢于城内楼阁，官员、僧人、百姓均参加，在鼓乐声和诵经声中，人们手持香花，绕城游行。

敦煌发现的佛教用纺织品主要有幡、伞、额、经巾、绣像等，这些都是用于大型佛教节日或者重要寺庙的宗教活动。僧尼们的日常修习也会使用一些纺织用品，如经袱、经帙等。

---

① 唐耕耦、陆宏基编《敦煌社会经济文献真迹释录》第4辑，全国图书馆文献缩微复制中心，1990年，第133页。

② 谭蝉雪《唐宋敦煌岁时佛俗——二月至七月》，《敦煌研究》2001年第1期，第94页。

第一节

幡

幡，又作旛，指佛教、道教所用的旌旗，是供养菩萨、庄严道场的道具。《长阿含经》卷四《游行经》中说："以佛舍利置于床上，使末罗童子举床四角，擎持幡盖，散华烧香，作众伎乐，供养舍利。"《华严经》亦常谓造立此幡，能得福德，避苦难，往生诸佛净土；又说供养幡可得菩提及其功德，故寺院、道场常加使用，因而成为庄严之法具。从各种记载看，中国早在6世纪初就已大量使用幡，并将其作为举办佛事的供养用具之一。北魏杨衒之所著《洛阳伽蓝记》记载了北魏神龟元年（518）宋云、惠生受北魏王朝指派，以"使者"的身份去印度取经求法。他们行经于阗国东面的一个寺庙时，见"悬彩幡盖亦有万计，魏国之幡过半矣"①。幡上有隶书书写的年号：太和十九年（495）、景明二年（501）、延昌二年(513)。只有一件幡上书写有姚秦的年号，可见幡作为佛教法器通常是可以长期保留以供使用的。

相对于其他佛教用丝织品而言，幡的发现数量最大，而且形制也最完整。在分析了敦煌发现的约40件基本完整的幡和近320件残幡的基础上，我们可以对敦煌幡的形制、结构、材料和装饰手段等进行进一步的研究。

---

① 范祥雍校注《洛阳伽蓝记校注》，上海古籍出版社，2006年，第266页。

敦煌发现的幡的形状类似于人形，一般是由幡头、幡身、幡手以及幡身下方的幡足构成。按照幡手和幡足的不同，敦煌的幡可以分为三种类型：第一类为最典型的敦煌幡的形式，类似人的形状，一般是由三角形的幡头、长方形的幡身、置于幡身左右的幡手以及幡身下方的幡足构成(图 6-1)。其中幡头通常包括悬袢、幡头斜边和三角形幡面①。幡身为一块面料或由多块不同面料拼接而成。幡各部分的连接处都夹有一根细竹竿或芨芨草，使幡平整。这些细竿外有时也包裹有丝线或丝绵，应该是为了增加摩擦，以更好地固定幡竿的位置。I 类幡的幡足通常为 2—4 根。为了使幡在悬挂时保持较好的形态，并防止幡扭转打结，幡足的下方往往连有悬板。悬板通常为一块梯形薄木板或纸板②，上面多绘有花卉图案以作装饰。斯坦因曾在藏经洞的包裹里发现了一些窄幡整齐地卷起摆放，故而认为，利用这些悬板可以很方便地将幡卷起来，便于运输和收藏③。I 类幡的幡手为两条长长的带状织物从幡头下方垂下，多长至幡足上方，幡手可以自由摆动，使得幡更加生动。

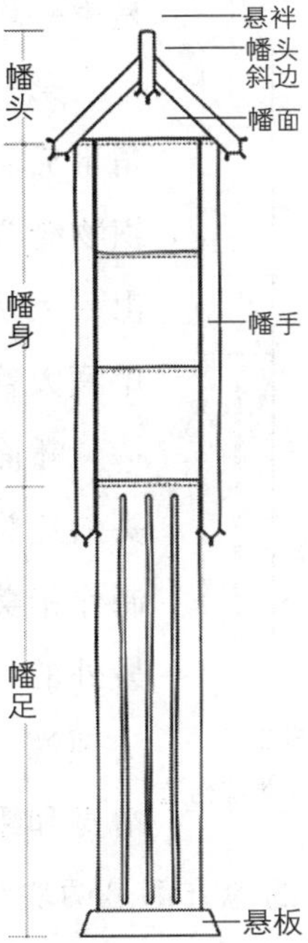

图 6-1　I 类幡构造

第二类幡的形状类似于第一类幡，也是由幡头、幡身、幡手和幡足构成。幡身是由一块或多块织物缝合而成。幡各部分的连接处也都夹有一根细竹竿或芨芨草。只是幡足的形状不同，幡足为两片上宽下窄的梯形织物缝合而成，呈燕尾状且无悬板（图 6-2）。有时此类幡的幡足直接

① 个别 I 类幡无幡头斜边，如收藏于维多利亚阿伯特博物馆的 L:S. 621 以及收藏于敦煌研究院的 K130:3、K130:4 等；也曾发现无幡面的幡，如收藏于敦煌研究院的 K122:2 和 K130:12；极少数幡的幡头三边都包边，如收藏于艾尔米塔什博物馆的 Дx54。

② 在《西域考古图记》中，斯坦因记录了一组编号为 Ch.lv.0038-43 的麻布幡，其下方带有纸质悬板。Aurel Stein，*Serindia*，Oxford：Clarendon Press，1921，Vol.2,p.1072.

③ Aurel Stein，*Serindia*，Vol.2,p.844.

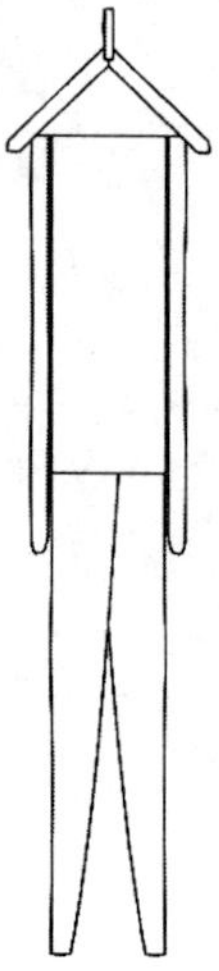
图 6–2
II 类幡构造

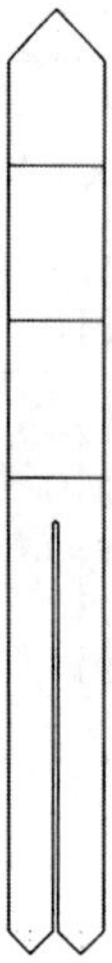
图 6–3
III 类幡构造

是由一块织物从中间裁开而成。此类幡悬挂时更有动感。

第三类幡的构成最简单，幡头是由第一块幡身上端折成三角形后直接缝制而成，没有幡头斜边。幡身为多块不同色彩的织物缝合而成，连接处夹有一根细竹竿或芨芨草。幡足为两根，由一大块织物从中间裁开，下方分别折缝成三角形。旅顺博物馆藏大谷探险队收集品中有不少此类幡（图 6–3）。

幡面通常为双层，一般由一整块正方形织物对折而成。幡头斜边为一整片长方形的织物折叠成直角后与幡面缝合而成[①]。制作精美的幡头斜边的两个末端往往也要折缝为直角，悬袢由另外的织物制作后钉缝至幡头顶端（图 6–4）[②]。幡面、幡身和幡足之不同面料缝合的地方都是两块织物相交后缝合，中间夹细竹竿或芨芨草（图 6–5）。

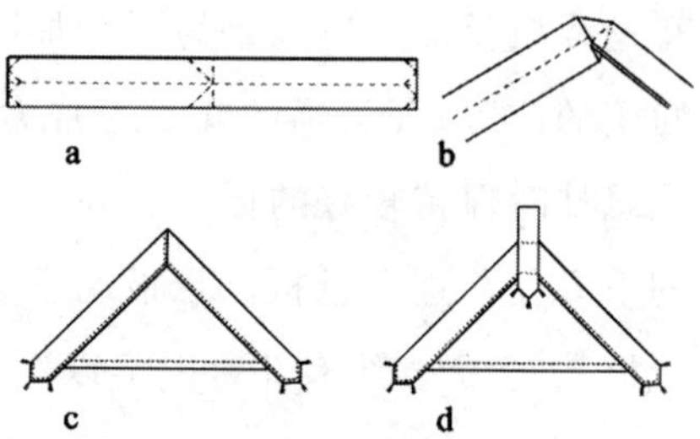

图 6–4　幡头制作示意图

I 类幡的幡足由与幡身等宽的整块面料从中间裁开制成，通常被分割为三条或四条，但上下部分依旧相连。悬板的上方刻有一细槽，幡足底部包裹的细竹竿直接嵌入其中将幡足和悬板连接起来（图 6–6）。II 类幡的幡足下方没有悬板，两幡足之间在缝制时有交叠。III 类幡的幡足也是由单块织物裁开而成，但没有悬板，下端折缝成三角形。部分幡，尤其是麻布幡制作比较粗糙，织物边缘往往是毛边，不做任何修饰。

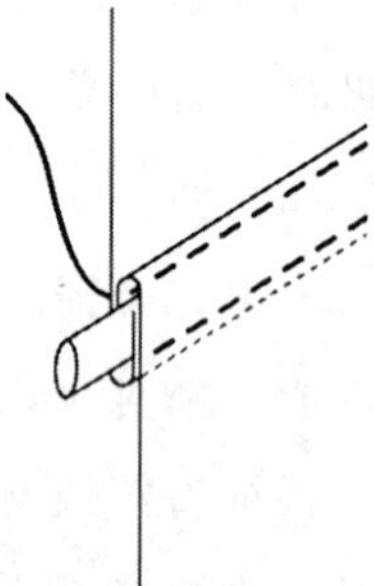
图 6–5　面料相交处的缝合

① 部分幡的幡面也采用两块不同材质的三角形织物拼缝。如现收藏于法国吉美博物馆的一组编号为 MG.24643–24650 的红地彩绘团雁纹麻幡幡头的斜边是由一块麻布和绢缝合而成。

② 少数幡，如现收藏于敦煌研究院的 K122:12、K130:14 的悬袢直接由幡头斜边的中间部分延伸出来形成一个环状的袢。

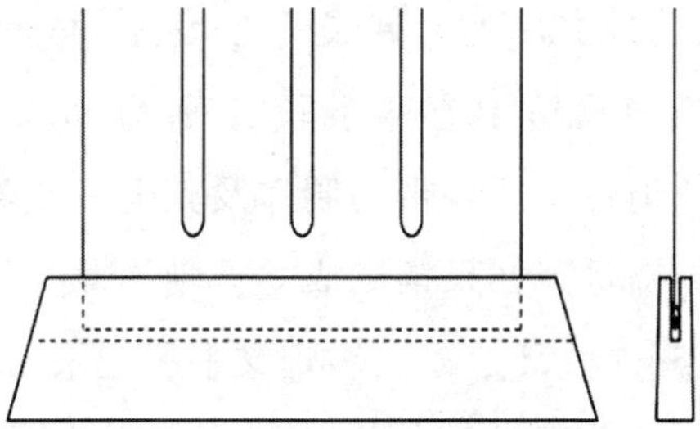

图 6-6　I 类幡幡足制作示意图

制作较精美的幡，绝大多数是丝质幡，其所采用的丝织物边缘如幡手、幡身和幡足的边缘常用很细的针脚撬边，以保持边缘的整洁（图 6-7）。

幡的尺寸没有特别的规定。常见的有大幡、小幡之称，但实际并无固定的尺寸及大小标准，多是方便而为。敦煌文书《唐咸通十四年(873)正月四日沙州某寺交割常住物等点检历》(P.2613)中有尺寸记录的幡共 72 口，分别是："陆尺(6 口)"、"玖尺(22 口)"、"壹丈贰尺(1口)"、"壹拾玖尺(8 口)"、"肆拾叁尺(4 口)"、"肆拾玖尺(31 口)"。由此可推算，小幡的尺寸不超过 2m，而大幡的尺寸则为 15m 左右[①]。此外，《龙兴寺卿赵石老脚下依蕃籍所附佛像供养具并经目录等数点检历》(P.3432)还有"柒尺幡"的记载。

敦煌文书中记载的较长的幡接近 15m，可谓是巨幡，但敦煌发现的实物的尺寸却没有这么长。较完整幡的幡高尺寸有：32.3cm（K130:8）、78cm（K130:2）、91cm（Дx82）、131cm（MAS.860）、132.7cm（L:S.621）、169cm(MG17.682)、172cm(20.1362)、180cm（EO.3652）、197cm（EO.3586）、263.3cm（L:S.293）等。在现存的完整的幡中，高度为130—200cm 的幡所占的比重最大。但实际上，幡的尺寸应该远不止此。我们可以从残存的幡足推算出幡的大概尺寸。现藏于敦煌研究院的一条梯形本色绢幡

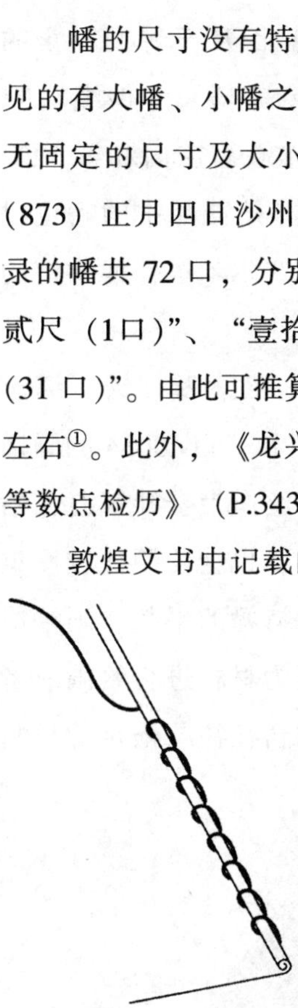

图 6-7　织物边缘的缝制

① 唐末五代敦煌地区民间常用的一尺之长度为 30—31cm，此处的换算比例为 1 尺=30cm。参见宋家钰《S.5632：敦煌贷绢契与量绢尺》，《英国收藏敦煌汉藏文献研究：纪念敦煌文献发现一百周年》，中国社会科学出版社，2000 年，第 168 页。

足（K130:22）残长为264cm，据此可推算原幡的尺寸应超过5m。而吉美博物馆中有两条长分别为860cm（EO.3651）和610cm（EO.3649）的绢带。从绢带的制作及其上所绘卷草纹的图案来看，该绢带很有可能为幡足。如果推测成立，则用此类绢带做幡足的幡的高度应为49尺(约15m）上下，这与敦煌文书所记录的尺寸相吻合。

敦煌发现的幡的制作材料主要为纺织品。斯坦因从千佛洞收集的230件幡（含残件）中，有179件丝质幡、42件麻布幡及9件纸幡[①]。旅顺博物馆收藏的幡以及敦煌研究院在莫高窟第130窟窟内和第122、123窟窟前两处发现的幡几乎均为丝质幡。伯希和敦煌藏品中的幡也以丝质幡居多，另有少量麻布幡和棉布幡，但俄罗斯艾尔米塔什博物馆的藏品中却包括了大量的麻布幡。

丝质幡所采用的织物品种很丰富，有绢、绮、绫、罗、锦、缂丝等。缂丝用于佛幡者不是很常见，编号为MAS.905和Ch.lv.0034的画幡的幡头斜边使用缂丝制作，而幡20.1041则是以缂丝作为悬袢钉缝在幡头上。幡头斜边可以是与幡的其他部位相似的面料，也会使用比较厚重些的锦或缂丝，这样可以更好地承受幡的重量并保持幡的平整。画幡或夹缬幡的幡身材料多采用绢，比较轻薄，此外用绢为材料进行绘画或者夹缬，正反面的图案效果都很明显。画幡幡手的材料往往与幡足的材料

图6–8 MG.24644 红地彩绘团雁纹幡头之正、反面

① Aurel Stein, *Serindia*, Vol.2, p.845.

相同或类似。

平纹麻和棉织物也常用作幡的制作材料。有些幡也会同时采用不同材质的织物，如收藏于吉美博物馆的一组编号为 MG.24643–24650 的残幡头，其制作材料为丝和麻织物。该组幡头的悬袢为浅米色绢，幡手为墨绿色绢，幡头斜边为红地团雁彩绘棉布，幡面的一面织物与幡头斜边相同，另一面则采用与幡手类似的绢织物（图 6–8）。

由于几乎每件幡都使用了不同品种的织物，所以敦煌发现的幡多为彩色幡。除了靠织物本身的颜色和图案进行色彩表现外，往往还会采用手绘、夹缬、蜡缬、刺绣等手段。有些幡的悬袢、幡头斜边和幡手三角形之末端缝缀有彩色小流苏，其功能不是很明确，可能仅为装饰，也可能是为了悬挂其他物体。幡头与幡身连接处的竿有时外露，上用彩色丝线缠绕(图 6–9)。

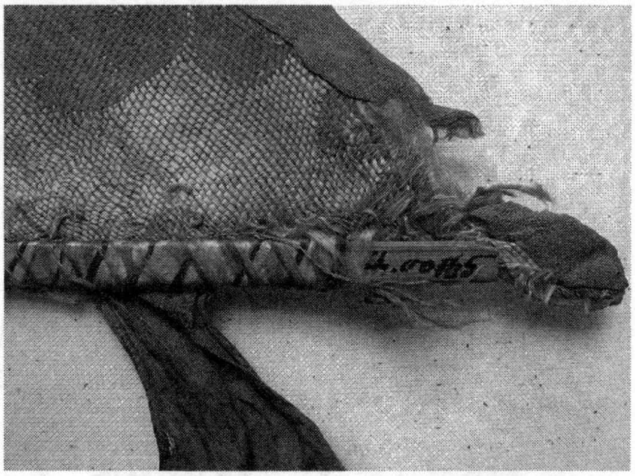

图 6–9　L:S.637 幡头处彩色丝线装饰的竿

画幡多是采用墨或颜料直接在织物上手绘而成。在敦煌文书中常可见相关记载，《龙兴寺卿赵石老脚下依蕃籍所附佛像供养具并经目录等数点检历》(P.3432）中就出现有“生绢画幡”和“画布幡”的记录。幡的各个部位都可以用手绘图案加以装饰。三角形幡面往往绘有适合纹样，主题多为坐佛或花鸟植物等；幡身上通常绘制的是佛、菩萨或是经变画，而忍冬纹或云纹常常绘于幡头斜边、幡手和幡足。

还有一类画幡是用银粉作为颜料绘在织物上的，如藏经洞所出编号为MAS.887 的墨绘鸟衔花枝纹幡，四条棕绿色菱纹罗幡足上各绘有高约 4cm 的银花六朵。藏经洞发现的另一件蓝色暗花绮幡足（MAS.946）上以银粉绘有大型团窠花卉纹样。银粉通常用于幡手或幡足的图案绘制。在敦煌文书中多次出现的“银泥幡”（S.1774、S.1624）应是指此类画幡。

夹缬幡在敦煌幡中占有很大的比重。夹缬通常用于制作幡身，有时也用于制作幡头或幡足。其图案的主题以花、鸟、动物居多。如花卉纹夹缬（L:S.291–294，参见图5–10）、浅黄地簇六球路朵花纹夹缬（1919.0101.0.127）、方胜朵花纹夹缬（L:S.556:1–3，参见图4–6）、绿地蛱蝶团花飞鸟夹缬（L:S.552，参见图4–4）、朵花团窠对鹿纹夹缬（MAS.875、Дx55）、朵花团窠对雁夹缬（Дx51）和对马夹缬绢（MAS.885a，参见图4–1）等。

莫高窟第130窟窟内和第122、123窟窟前出土了一批以灰缬作为幡身的幡，如湖蓝地云头禽鸟花草纹灰缬（K122:1）、土黄地花卉纹灰缬(K122:1)、黄地云头花鸟灰缬（K130:1，参见图4–10）、绛地灵芝花鸟灰蜡缬（K130:17）等，其图案与新疆吐鲁番出土的唐代灰缬织物非常类似。该批出土的幡中有的还用到绞缬工艺，如褐色地圆点纹绞缬幡身（K122:04）和紫地圆点纹绞缬幡头斜边（K130:25）[①]。

图6–10　刺绣幡面

刺绣主要是用于幡面，其图案题材类似于画幡。如编号为L:S.590的幡面用平针和戗针在白色暗花绫地上用褐、绿、米、蓝和橙红等色丝线绣出莲花纹样，很是精美（图6–10）。另一件收藏于法国吉美博物馆的刺绣幡面（EO.1191/E），则用深蓝、浅蓝、浅橘和白色的丝线在幡面中心绣出一只展翅的飞鸟，周边的空间则用刺绣的织物纹样填充。

① 敦煌文物研究所考古组《莫高窟发现的唐代丝织物及其它》，《文物》1972年第12期，第55—56页。

除此以外，出土于莫高窟第130窟，现陈列于甘肃省博物馆的缀花绢幡在白色的幡面和深蓝色的幡身、幡足上缝缀了8朵由黄绯色绞缬纹绮和白色绢制成的八瓣花（图6-11）。这种装饰手段在敦煌发现的其他幡中均没有出现过。

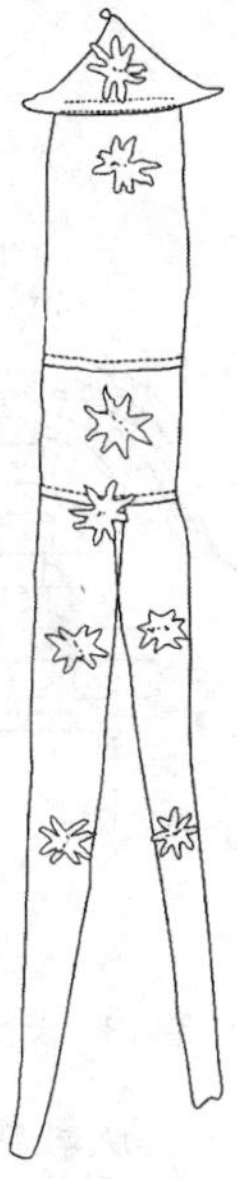

图6-11
缀花绢幡

敦煌的幡的形制比较固定，但不同的幡的制作还是有些许差别。通常，敦煌的丝织幡的制作比较精致，而麻或棉质幡的制作相对比较粗糙。这可能是因为丝绸在当时比较昂贵，故用丝绸制作的幡也就更加精美了。

从结构上看，敦煌发现的幡应为悬挂幡，没有确定的正面或背面，因为两面都要被人看见。其所悬挂之场所，可能是堂内柱子上，或是佛堂之前庭，或附着于伞盖之四隅。《长阿含经》卷四《游行经》中说："以佛舍利置于床上，使末罗童子举床四角，擎持幡盖，散华烧香，作众伎乐，供养舍利。"[①]幡往往也会与幢一起出现，悬于幢端。《法华经》卷五《分别功德品》中载："一一诸佛前，宝幢悬胜幡。"[②]

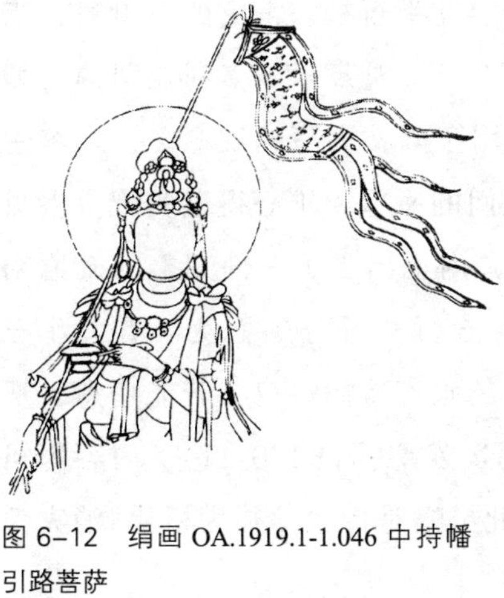

图6-12　绢画OA.1919.1-1.046中持幡引路菩萨

我们可以从敦煌绢画和壁画上看到幡的形象。现藏于大英博物馆的绢画OA.1919.1-1.046、OA.1919.1-1.047和收藏于吉美博物馆的绢画MG.17657上就绘有手持经幡的引路菩萨(图6-12)。莫高窟第428窟壁画所绘的金刚

① 中华大藏经编辑局编《中华大藏经》，《佛说长阿含经》卷四《游行经》，中华书局，1984年，第31册，第49页。

② 中华大藏经编辑局编《中华大藏经》，《妙法莲华经》卷五《分别功德品》，第15册，第568页。

图 6–13　莫高窟第 428 窟壁画中塔顶悬幡

宝座塔（北周）以及第 76 窟壁画《八塔变》中的塔顶端也悬挂有随风摆动的幡（图 6–13）。唐太宗李世民在《咏兴国寺佛殿前幡》中有对此类悬幡的形象描述："拂霞疑电落，腾虚状写虹。屈伸烟雾里，低举白云中。纷披乍依迥，掣曳或随风。念兹轻薄质，无翅强摇空。"①

从敦煌文献中的相关材料来看，敦煌的幡多为寺院的常住什物。除了作为佛教法器使用外，还有相当一部分是发愿或供养幡。《药师琉璃光王七佛本愿功德经念诵仪轨》中就规定在举行祛病消灾的法事时，需造"杂彩幡四十九首并一长幡四十九尺"②。现藏于维多利亚阿伯特博物馆的编号为 L:S.621 的幡的幡身上有用于阗文书写的发愿文，内容主要为祈求佛祖保佑人们远离麻烦，使人们的愿望和雄心得以实现（参见图 1–1）。1965 年敦煌莫高窟第 130 窟窟内也出土了一件完整的发愿幡(K130:3)，其幡身第一段有墨书发愿文 6 行38 个字，意为：开元十三年七月十四日，康优婆姨为了治愈自己的眼疾造幡一口，若能痊愈，还将造幡还愿。同时出土的还有"女阿阴"发愿幡(K130:11)，内容为祈求腰病早日痊愈③。由发愿文可以看出此类幡是佛教信徒为祈佛"消灾免病"而供奉的幡。

① （清）彭定求等《全唐诗》卷一，上海古籍出版社，1986 年，第 23 页。

② 中华大藏经编辑局编《中华大藏经》，《药师琉璃光王七佛本愿功德经念诵仪轨》第 71 册，第 56 页。

③ 敦煌文物研究所考古组《莫高窟发现的唐代丝织物及其它》，《文物》1972 年第 12 期，第 55 页。

第二节

伞 盖

伞又称盖，或称伞盖，在佛教中常用于佛、菩萨等的头顶，以示尊崇。这种将伞盖施于尊者头顶的习俗，在古印度部族之重要会议中就已见雏形，当时长老常背对树干而坐以取树荫避暑。佛教仪轨中继承了这种习俗，不仅在佛陀说法的庄严场合，外出时也有使用伞盖的，如《撰集百缘经》卷二中提到频婆娑罗王皈依佛教时，“将诸群臣，各执伞盖，遮护佛及众僧，以入王舍城”。正因如此，在古印度的艺术中，伞盖和菩提树一度成为佛陀的象征，地位与佛像相等。

伞盖的材质多样，《摩诃僧祇律》卷三九中记载，印度的伞盖有“树皮盖、多利盖、竹盖、摩楼盖、树叶盖、氎（氈）伞盖”等六种类型，其中的氈伞盖应该是用布制成。佛教传入汉地后，伞盖则大多由布帛制成。

敦煌发现的伞盖实物不多，且大多尺寸很小，制作粗糙，形制也比较单一，可能只是一种象征性的伞盖。目前所知藏经洞中发现的伞盖共有 19 件，都收藏在英国，其中维多利亚阿伯特博物馆收藏有 18 件，大英博物馆收藏有 1 件。它们所使用的面料有平纹麻布、棉布、绢和绮等。

维多利亚阿伯特博物馆收藏的彩绘麻布伞盖（L:S.620）为正方形伞，由比较粗的平纹麻织物制成，边长约 100cm。此伞盖以绘画的形式

图 6–14　彩绘麻布伞盖悬挂示意图

对伞盖及其部件进行了形象的模拟，伞面上的手绘图案以红、蓝、黄色为主，黑色描边，正中绘有一朵宝花，周围及四周同样是宝花纹，宝花之间还有云纹。伞面四周垂下来的部分是伞裙，上面还绘有黑红两色线条，模拟织物下垂所形成的褶皱效果。裙上绘有层叠的三角形以及下垂的装饰物，包括由多种织物层叠缝制的错彩带、由两根织物带打结而成的垂带以及宝珠璎珞（图 6–14）。在伞裙和盖顶相接的四个角上挂着的可能是用以悬挂该伞盖的环，这些挂环至今还保存完好。它在使用时可能是直接悬挂在佛像的正上方，绘画部分朝下，就像莫高窟壁画中常见的佛像头顶正上方的藻井纹样。

另一组微型伞盖（L:S.491:1–15）应该也为方形伞，其边长多在 11—22cm 之间，由绢、绮、棉布或者麻布缝制而成[①]。这些伞制作粗糙，保留了毛边，可能只是用于供奉的模型。伞顶中央大多残留有用以悬挂的挂襻，编号为 L:S.491:1 的伞还保留了两条弯曲的树枝，其对角相交形成伞骨（图 6–15）。

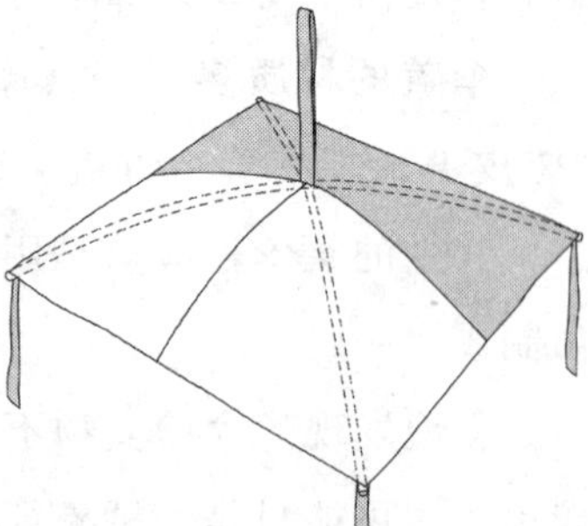

图 6–15　微型伞结构示意图

方形伞盖 L:S.483 由一块边长为 17.5cm 的本色麻布制作，中央缝一蓝色悬袢，四个角上曾缀有纬锦条流苏，现仅有部分残留。同时发现的还有 9 朵纸质小花，斯坦因在《西域考古图记》中曾提道：“这

① 赵丰主编《敦煌丝绸艺术全集·英藏卷》，东华大学出版社，2007 年，第 286—288 页。

九朵人造花系在一块方形的亚麻上”[①]。这些纸花形状不同，由染色的或是墨水浸过的纸通过裁剪和粘贴制作而成，有一些花的背部中央粘有一个方形木块，中心打有一洞，可能是为了插入木制花茎（图 6-16）[②]。此种伞盖上放置纸花的原因尚不十分清楚，但此件置有纸花的伞盖可能是某个湖的模型，极有可能就是佛教的圣湖苏哈瓦提(Sukhavati)[③]。藏经洞发现的另外 6 朵纸花（Ch.00149）现藏于大英博物馆[④]，这些纸花可能是某个佛教节日的供奉品，供奉者可以把它贴在墙上、地上或是天花板上。纸花在一些墓葬中也有发现。

图 6-16　藏经洞发现的纸质小花

相对于实物，敦煌文书中对伞盖的记载则丰富多了。伞盖的材料主要是纺织品，且多是用丝织品缝制，故往往以面料来命名，有紫绢单伞、麴陈绢伞、红绝伞、大红番锦伞（P.2613）、高离锦伞（P.3432）等。有时也会以织物的装饰工艺来命名，如青绣盘龙伞（P.2613）和夹缬团伞子（P.2613）就是分别用刺绣和夹缬织物来制作伞面的。文书中的伞盖用料很广，几乎包括绢、绫、锦、缬、绣等当时各种丝绸种类。

寺院常住什物掌管者移交物品时所造的点检历中更是对伞盖有着详尽的记录，现列举三篇涉及对伞盖形制的描述：

1.《后晋天福七年（942）某寺交割常住什物点检历》（S.1642）：

---

① Aurel Stein，*Serindia*，Vol.2，p.954.

② 赵丰主编《敦煌丝绸艺术全集·英藏卷》，第 45 页。

③ Susan Whitfield, Ursula Sims-Williams, *The Silk Road: Trade, Travel, War and Faith*, London: British Library, 2004, p.270.

④ Roderick Whitfield and Anne Farrer, *Caves of the Thousand Buddhas: Chinese Art from the Silk Route*, London: British Museum Publications, 1990, p.175.

青绣盘龙伞壹副，并骨，兼帛绵绫里，裙带具全。

2.《唐咸通十四年（873）正月四日沙州某寺交割常住物等点检历》(P.2613)：

夹缬团伞子贰，白绢里罗锦者舌青绢裙。

紫绢单伞壹，杂绢裙。

绯绫单伞壹，麴尘绢者舌。

大白绣伞壹，白布里，长壹丈叁尺，阔壹丈。龟背青绫裙，红锦腰，阔伍寸。司马锦里、杂色绢柱子玖拾柒枚，各长壹尺玖寸。绯绢带玖拾陆双，各长贰尺贰寸。白绫者舌玖拾陆。

紫绢单伞壹，每面各长壹箭半，紫绫者舌。

青绢小方伞子贰，罗锦者舌。

白绫团伞子贰，杂绢者舌。

红绫大伞壹，紫绢裙，长肆尺。

坛锦伞壹，每面长三尺，白锦缘。青绢裙，杂绢者舌，上有金渡花伍枚。

单麴陈绢伞壹，长伍尺，绯绢裙。

绯绫伞壹，麴陈绢裙，绯绢里，紫绢者舌，长陆尺。

绯绢伞壹，黄绢者舌，每面各长三尺。

麴陈单伞壹，绯裙，长壹箭。

麴陈绢伞壹，绯紫者舌，每面各长壹箭。

黄夹缬大伞壹，草绿绢裙，周围壹丈肆尺。

团绣伞子壹，绯绢者舌，夹缬带。

草绿单伞壹，紫绢缘。

紫绢单伞壹，紫绢裙，绯者舌。

夹缬伞子壹，麴陈者者（舌）。

紫绫伞壹，绯绢里，青绢裙，杂色柱子。

司马锦伞子贰，青里，绿绢裙，各长壹箭半。

大红番锦伞壹，新，长丈伍尺，阔壹丈，心内花两窠。又壹张内每窠各师（狮）子贰，四缘红番锦，伍色鸟玖拾陆。青吴绫裙，长贰丈叁尺伍寸。红锦腰，阔肆寸，青夹缬里，每面杂色柱子肆拾枚,阔肆寸,长壹尺伍寸。贰色绢带肆拾双。

3.《龙兴寺卿赵石老脚下依蕃籍所附佛像供养具并经目录等数点检历》(P.3432)：

高离锦表、色绢里伞壹,红绢裙并丝悬针线袋罗网并金铜杏叶庄严,周圜柒箭。故小白绫伞贰,色绢者舌,周圜壹箭半。

从上述记载可以看出，唐代敦煌寺院中伞盖的伞面有单层的，也有夹层的，这是伞的主体部分。有时伞面周围还会包裹有“缘”，伞的下端也会垂有用织物制作的“裙”。除此以外，“者舌”、“柱子”和“带”也是敦煌伞常有的构件。其他的构件还包括伞骨、金渡花、丝悬针线袋罗网以及金铜杏叶等。

伞的形状主要有三类：圆形、长方形以及正方形。圆形的伞多称为团伞，如夹缬团伞子、白绫团伞子和团绣伞子等。文书对个别长方形伞的长和宽的尺寸也会有说明，如大白绣伞（“长壹丈叁尺，阔壹丈”）、大红番锦伞（“长丈伍尺，阔壹丈”）。对于正方形的伞，文书则只是说明了每个边的长度，如紫绢单伞（“每面各长壹箭半”）、坛锦伞（“每面长三尺”）、绯绢伞（“每面各长三尺”）。

伞的尺寸没有固定的规定，这从敦煌文书中对伞的尺寸的记载可以看出，根据伞的形状的不同，对伞的尺寸的表述方式也不尽相同①。文书中长方形伞的尺寸较大，长在400cm左右，宽约300cm，往往被记录为大伞。正方形伞的边长介于50—100cm之间。圆形伞多以周长作为尺寸，大伞的周长近450cm，直径约为150cm；小伞的周长约100cm，直径为32cm左右。可见，当时的敦煌寺院中使用的伞的大小不一，大伞和小伞的尺寸相差很大。

作为佛教法器之一的伞盖的使用方法主要有两种：一种是悬挂型；另一种是支撑型。悬挂型伞是将伞的外部中央或四周悬吊；支撑型伞则是在伞的内部中央安装伞柄撑持或立柱支撑。

悬挂型伞在敦煌壁画中出现最多，这种伞多从花树或菩提树上垂下，悬挂在佛或菩萨的头顶（图6-17）。壁画中的这些悬伞有时并不依靠任何物体悬吊，看起来好似悬挂在空中，这种表现方法在佛教绘画中多有运用，可能是为了表现佛或菩萨的法力无边。如在《何耶揭唎婆像法》中对何耶揭唎婆（马头观音）的画法就有规定："如令菩萨端身正立红莲华上，空悬宝伞盖菩萨头上，其上空中画作种种天音乐具，两边空中须陀会天舞蹈供养。"②

图6-17 莫高窟第322窟南壁说法图

悬挂型伞在壁画中也出现于

① 唐代1尺≈30cm。根据藏文典籍"箭杆本"规格，1箭长60—70cm，此处取约65cm。梁成秀《藏文典籍装帧与命名特点初探》，《西藏民族学院学报》（哲学社会科学版），2003年第6期，第29—31页。

② 中华大藏经编辑局编《大正新修大藏经》第20册《何耶揭唎婆像法》。

世俗人物的头顶，如在莫高窟第159 窟《维摩诘经变》中，前来听法的吐蕃赞普头顶上方就有随从撑的伞一顶(图 6-18)。但与其他佛教绘画中所绘的伞不同的是，此伞与现实生活中伞的使用方法一样，是悬挂在曲形伞柄之下的。

图 6-18　莫高窟第 159 窟东壁吐蕃赞普

支撑型伞又可分为四角支撑式伞和中心支撑式伞。方形伞盖在壁画中多表现为在四角以立柱支撑。壁画《维摩诘经变》中，维摩诘往往被描绘为身坐牙床、头顶方形伞盖的形象。《法华经变》中所绘“三乘”的车舆上方有时也绘有方形伞盖，莫高窟第 61 窟的牛车上就支有一顶很像由花卉纹织锦装饰的伞盖（图 6-19）。方形伞盖还出现在肩舆上方，如在莫高窟第 323 窟所绘高僧昙延法师进京觐见隋文帝的故事画中，高僧乘坐在六抬肩舆之上，上张一四柱支撑的伞盖。圆形的支撑型伞盖多在伞的内部中央安装一根伞柄，伞柄或直或曲。莫高窟第 148 窟《涅槃经变》中参与分舍利的国王乘坐的四驾马车上方撑一曲柄伞，伞周围垂有一圈织物（图 6-20）。莫高窟第 231 窟

图 6-19　莫高窟第 61 窟南壁牛车

图 6-20　莫高窟第 148 窟西壁国王

图 6-21　莫高窟第 409 窟东壁回鹘王

东壁北门《维摩诘经变》中的吐蕃赞普头上也有一张曲柄伞，伞面中央饰有一莲花火珠。壁画中的直柄伞很类似于我们今天用的雨伞，可以收伞面，除了伞中间的撑杆外还有伞骨。如莫高窟第409 窟头戴桃形冠的回鹘国王后面就跟着一群举扇撑伞的侍从，伞内的伞骨呈中心对称发散分布，描绘细致，依靠伞骨沿伞杆上下滑动，此类伞的伞面可以支起或放下（图 6-21）。类似的伞在榆林窟的回鹘供养人画像中也有描绘。

第三节
帷　幔

藏经洞中曾发现有三件大型织物，上面的缝缀物跟彩绘麻布伞盖（L:S.620）的伞裙上所绘的部件非常类似。其中两件织物现分别收藏于大英博物馆（MAS.855）和印度新德里国立博物馆（Ch.00278）。还有一件（Ch.00280）被分割为两半，一半保存在维多利亚阿伯特博物馆（L:S.622:1），另一半则保存在印度新德里国立博物馆。此外，还发现了一些看起来像从这些大织物上脱落的残片，较完整的有 L:S.593、L:S.622:2-6、L:S.601 以及 L:S.666 等①。

在上述三件大型织物中，以收藏在大英博物馆的 MAS.855 保存最完好，基本保留了当初的面貌。此件织物长 281.5cm，宽 46.2cm，上方是一条由十块织物拼缝而成的宽边，钉有八个分别由绢或锦制成的挂襻。下方有背衬，由各种织物拼缝而成。背衬的上端缝有一排由织物制成的三角形饰片，饰片与背衬之间钉缝有鳞形、条形、结形等各种形制的垂带，由绢、素罗、暗花罗、绮、绫、锦以及刺绣品等各种丝织物制成（图 6-22）。鳞形垂带多以一整条丝织物做背衬，正面由不同色彩的丝织物一片压着一片地缝合，或上下同宽，或从上到下由窄至宽逐渐递

① 赵丰主编《敦煌丝绸艺术全集·英藏卷》，第 52—53 页。

图 6-22 帷幔局部

增，最后形成一条彩色的长条。这是用丝绸零料组成大片织物以引人注目的有效方法，直到今天，我们还可以在佛寺中见到类似的拼缝而成的法器。

从这些帷幔及其上面的装饰来看，它们很类似于敦煌壁画中伞盖下方垂下的伞裙。较大的伞裙在制作时很可能是与伞分开的，只是在使用时依靠悬袢挂在伞的边缘。莫高窟第 302 窟东壁门上的说法图中释迦牟尼的头上就悬挂有一伞，织物的裙上方绘有层叠的三角形装饰。类似的伞还出现在莫高窟第 321 窟和第 329 窟的说法图中。莫高窟第 206 窟说法图中菩萨头顶的伞裙上则绘有鳞形和条形垂带（图 6-23）。壁画中佛和菩萨头上的伞多为圆形伞。方形伞出现最多的是在《维摩诘经变》

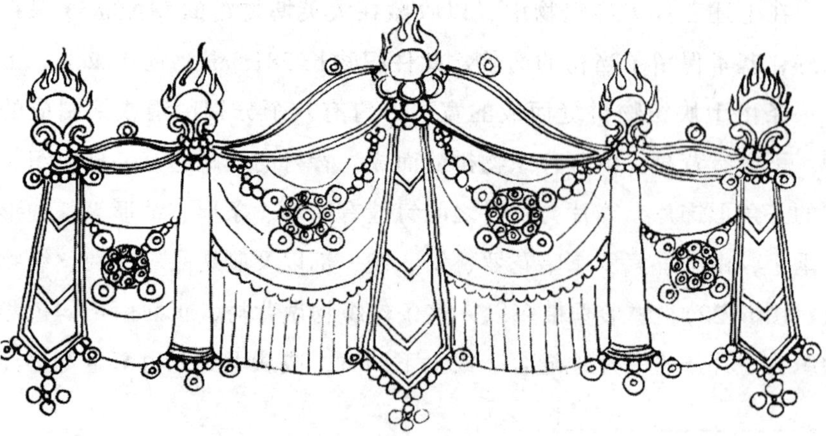

图 6-23 莫高窟第 206 窟说法图中的伞盖图

中，维摩诘头顶上的伞盖就是一种方形伞，其大小类似于文书 P.2613 中提到的大红番锦伞和大白绣伞，伞盖四周垂下的裙上也往往绘有三角形装饰和带（图 6–24）。这类大型伞盖也可称为帷帐。更多、更细致的伞盖描绘出现在洞窟顶上，往往也被人们称为藻井，这是佛教传入汉地后，寺院、洞窟壁画中常见的伞盖之表现手法。与实物不同的是，壁画中伞裙上的三角形装饰和带大多是有规律地排列的，而藏经洞发现的伞裙上的部件排列并没有一定的规律。

图 6–24　莫高窟第 61 窟《维摩诘说法图》中的伞盖

帷幔上的各式装饰在敦煌文书中都有相应的称呼。敦煌文书中的点检历不仅对伞的名称、材料、尺寸有所记录，还对伞的构件做了进一步的描述。伞的主要组成部分有伞面、伞骨和伞裙，文书 P.2613 对伞裙的记载非常详细："龟背青绫裙，红锦腰，阔伍寸。司马锦里、杂色绢柱子玖拾柒枚，各长壹尺玖寸。绯绢带玖拾陆双，各长贰尺贰寸。白绫者舌玖拾陆。"从文书中的记录可知，伞裙上往往装饰有者舌、柱子和带。者舌多使用彩色丝织物，如用绢、绫、罗或锦缝制，有时用的是同一面料，有时用多种面料拼缝；柱子则基本上是由杂色丝织物缝制的，并有衬里；带也是以丝织物为材料制作。柱子和带的长度在文书中也有记载，如大白绣伞的司马锦里杂色绢柱子"各长壹尺玖寸（约57cm）"，绯绢带"各长贰尺贰寸（约 66cm）"；大红番锦伞的杂色柱子则"阔肆寸（12cm），长壹尺伍寸（约 45cm）"。

帷幔 MAS.855 上分布着许多与文书中记载的带和柱子长度相当的带状丝织物：鳞形垂带长 40—45cm，宽 7.5—12cm 不等，有背衬，与文书中柱子的尺寸和“杂色”之特征描述很吻合；条形和结形等各种形制的垂带长度与鳞形垂带类似，有的是由一种或两种织物缝制，下方钉有一团缠裹成球形的垂带；有的则是类似麻布伞盖上所绘的由两根丝质细带中间打结后形成的垂带。文书中有时会以“双”作为带的计量单位，很可能指的就是由两种织物拼缝或打结而成的垂带。由此可见，鳞形垂带很可能就是敦煌文书中所指的柱子或杂色柱子。据此我们可以进一步推断，那些有背衬的三角形饰片应该就是文书中提到的“者舌”（图6–25）。

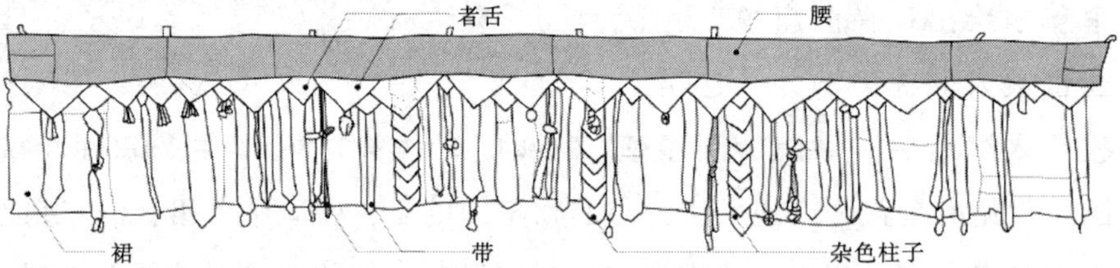

图 6–25　帷幔各部件名称图

敦煌文书中除了在对伞的描述中出现者舌、带以外，在对幢的记载中也涉及了这些部件。如文书《龙兴寺卿赵石老脚下依蕃籍所附佛像供养具并经目录等数点检历》（P.3432）中有五处提及了幢及其上面的部件：

故四福锦绢幢壹，罗锦绣者舌。

又四福故幢贰，杂色罗表，色绢里，高梨锦屋并者舌锦绣罗带木火珠。

又故汉幢壹，杂色罗表，色绢里，锦屋罗锦绢者舌带。

又肆福罗表、绢里、高离锦屋幢壹，锦绣者舌并带。

故不堪受用，杂色罗表、色绢里锦屋幢壹，伍福罗锦绢者舌并带。

幢与伞盖的构件及制作方法相差不多，其形制应该像伞盖的重叠。

图 6–26 莫高窟第 61 窟北披帷幔

文书中的“福”即伞幢式锦幢的一个单元，亦即“屋”，由裙围合而成。故“四福”指四重相叠的幢，“伍福”指五重相叠的幢①。莫高窟第 154 窟和第 231 窟的壁画中都绘有此类幢。

此外，洞窟壁画中的帷幔（图 6–26）和供案桌帷（图 6–27）上往往也绘有者舌、杂色柱子和带等形象。敦煌绢画上也有不少类似的桌帷示例，所以斯坦因曾认为帷幔 MAS.855 曾用于祭坛②。

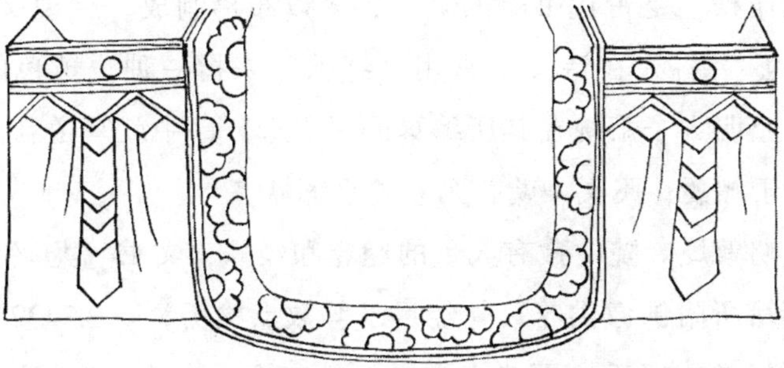

图 6–27 莫高窟第 61 窟阿弥陀经变供案桌帷

① 扬之水《“者舌”及其相关之考证——敦煌文书什物历器丛考之一》，《丝绸之路：艺术与生活》，艺纱堂，2007 年，第 139 页。

② Aurel Stein，*Serindia*，Vol.2，p.948.

第四节

帙、巾

敦煌藏经洞中发现最多的是经卷，虽然经卷本身多为纸质，但缠绕经卷的丝带、包裹经卷的套子“帙”、包裹经卷的包袱布以及经书的封皮却通常用纺织品来制成。

一、帙

帙，也作袟，是古代书籍的套子，多以布帛制成。《说文·巾部》：“帙，书衣也。”古人在诗文中常用“缃帙”来指一种浅黄色的丝质书套。南朝梁昭明太子萧统在其所编纂的《文选》序中就写道：“词人才子，则名溢于缥囊；飞文染翰，则卷盈乎缃帙。”[①]

唐宋时期敦煌寺院中藏有大量的经卷和经帙，文书《龙兴寺卿赵石老脚下依蕃籍所附佛像供养具并经目录等数点检历》（P.3432）记载龙兴寺共收藏经卷“三千一百八十卷，经帙二百八十八个”。这些经帙除了由寺院制作以外，还有一些是由崇佛者向寺院施舍。归义军时期节度使曹元忠曾“施红锦壹匹，新造经袟贰拾壹个，充龙兴寺经傢”[②]。曹宗

① 逯钦立辑校《先秦汉魏晋南北朝诗》卷中，中华书局，1983 年，第 1800 页。

②《归义军节度使曹元忠设斋功德疏》[S.3565 (1)]。

寿与其夫人也曾“命当府匠人编户造帙子及添写卷轴”入藏报恩寺。[①]

藏经洞内所藏的敦煌经书多为纸制卷轴经书，通常以10—12卷为一帙，其外用套包裹，称为帙或经帙。敦煌发现的经帙可分为两类，分别为织物制成的经帙和竹编经帙。

藏经洞中共发现完整的丝质经帙7件，3件收藏于英国，4件收藏在法国。从这7件经帙的形制上来看，此类经帙都有一长方形的主体部分，长约50cm，宽约30cm，用以包裹经卷。根据经帙首的不同，它们又可以分为四类：

1. 三角形卷首经帙

此类经帙共有3件，其中两件编号为MAS.858和EO.1199的经帙非常类似，使用面料与形制也相同。长方形主体的边缘和三角形的经帙卷首由团窠尖瓣对狮纹锦制作，经帙面中间为纸，外覆以绢，再用两条花卉纹缂丝带装饰（参见图8–3）。根据这两件经帙可以复原团窠尖瓣对狮纹锦的图案（参见图1–2）。此类织锦为中亚系统织锦，敦煌文书中称之为“番锦”。经帙首由两根斜边和1根垂直于短边的锦带缝制而成，锦带两端还残留着麻布系带（图6–28）。此类经帙的使用方法应该是用其方形主体包裹经卷，三角形经帙卷首留在外面，并用麻布带缠绕系紧。另一件类似的经帙（L:S.337）已残损，现断为两部分：蓝地宝花纹锦经帙卷和经帙主体。经帙面为深红色菱格纹绮背衬深红色绢，其中从这一经帙上分离的一块绮残片收藏在大英博物馆里

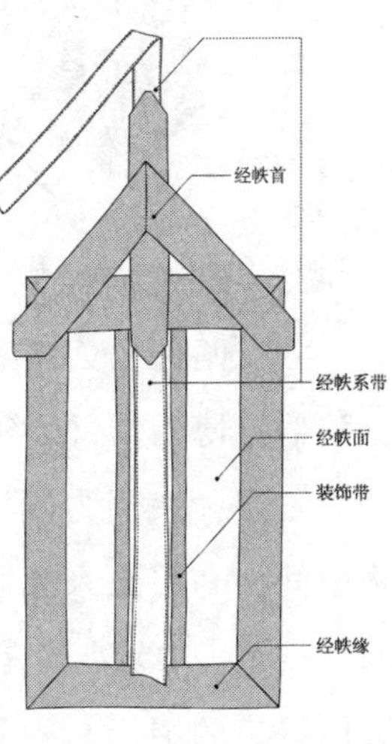

图6–28　三角形卷首经帙构造图

① 俄藏敦煌经卷《大般若波罗蜜多经》(Дх.1696) 卷尾书有：“施主敦煌王曹宗寿与济北郡夫人氾氏，同发信心，命当府匠人编户造帙子及添写卷轴，入报恩寺藏讫。”

(MAS.950)，锦缘的两个短边已缺失，两个长边的材质与经帙卷首相同。

2. 无卷首经帙

此类经帙共有两件，均收藏在吉美博物馆（EO.1207、EO.3663）。与前一类经帙不同的是，此类经帙没有三角形的经帙卷首，只有长方形的主体部分。中间以纸作主要材料，外覆以绢，经帙面上装饰有绛丝带或锦带，经帙四周以锦为缘。其中 EO.1207 联珠对兽纹锦缘经帙的背面残存有一根长 48cm、宽 2.5cm 的浅红色绢带，此带沿长度方向缝在经帙背面的中间部位，应该是起拴绕经卷的作用（图 6–29）[①]。

图 6–29 联珠对兽纹锦缘经帙

3. 绢带卷首经帙

共有两件，面料和形制相同，但保存状况不同，分别收藏在维多利亚阿伯特博物馆（L:S.342）和吉美博物馆（EO.3660）。长方形的主体部分为三层，表层为浅棕色暗花绫，以米色绢为里，中间夹一层纸。在织物中间夹一层纸来加固经皮，这是当时一种常用的作法，常用于包裹旧的手稿[②]。边缘处镶有四条缝合在一起的绢缘。长边用黄色的绢缘，短边用绿色的绢缘，中间部分用白色细丝线以稀疏的针脚加固。经帙卷首

① 赵丰主编《敦煌丝绸艺术全集·法藏卷》，东华大学出版社，2010 年，第 138—139 页。

② Susan Whitfield, Ursula Sims-Williams, *The Silk Road : Trade , Travel , War and Faith* , p.297.

将一根三色绢拼缝的绢带钉缝在短边的两端。绢带两头为三角形，缀有彩色丝线制成的小流苏（图 6–30）。

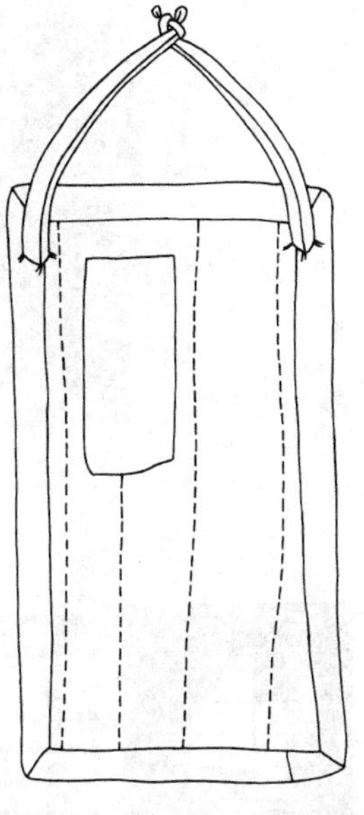

图 6–30 EO.3660 浅棕色点花绫经帙

4. 竹编经帙

竹编的帙在中国古代文献中也有记载。陆游在《入蜀记》中记载了宋真宗取庐山东林寺《白居易集》，命崇文院写校并“包以斑竹帙送寺”之事①。此处的斑竹帙指的应是将斑竹劈为细丝而编成的书帙。

敦煌藏品中较完整的竹编经帙共有 4 件，其中 1 件收藏在大英博物馆，3 件收藏于吉美博物馆。此外还有一些小残片分别收藏在维多利亚阿伯特博物馆和旅顺博物馆。这些经帙的编织技术相同，图案风格相似。它们的主体部分以竹篾为纬，以丝线为经，采用经绞编组织编成，在编织时以两根不同颜色的丝线为一组，互相绞转，以显花纹。如 MAS.859 花卉纹绞编经帙，编织图案呈带状在经帙表面分布，共有 9 条，宽窄相间排列，宽度在 0.9—2.4cm 不等，每条图案区之间间隔约 1.0cm。图案为装饰风格较浓的花卉纹样，在经帙一角编有一个褐色方块，内以米色丝线编出一个“阴”字，可能是此经帙的编号（图 6–31）②。经帙正面的丝线平整，倾斜方向一致，图案明显。由于显花的丝线需要绞转一次或两次，这些绞转的部分都沉在背面，除此以外，背面还常出现细线的接头，故从经帙背面很难看清纹样(图 6–32)。

① 《渭南文集》卷四六《入蜀记》第四：“白公尝以文集留草堂，后屡亡逸，真宗皇帝尝令崇文院写校，包以斑竹帙送寺。”

② 赵丰主编《敦煌丝绸艺术全集·英藏卷》，第 92 页。

图 6-31　MAS.859 竹编经帙

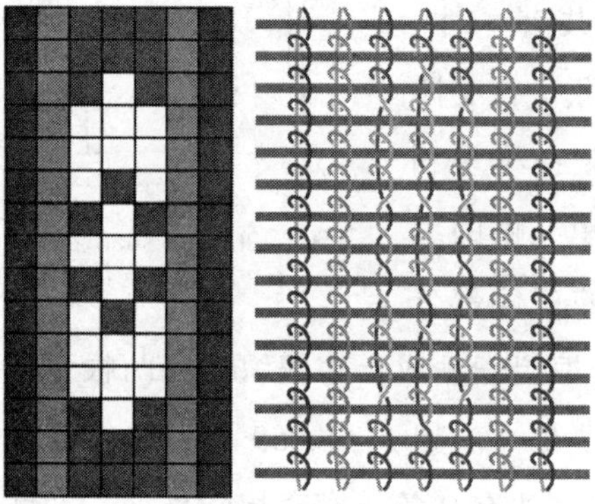

图 6-32　经帙绞编组织示意图

这种竹编经帙的形制和使用方法应该也类似于织物制成的经帙。经帙四周往往包缝有丝织物（EO. 1208）或麻织物（L:S.486），以此为缘。目前所见的最完整的竹编经帙是收藏于日本正仓院的《金光明最胜王经》经帙，其有着与丝质经帙相同的三角形经帙卷首①。

二、经卷系带及经袱

敦煌纸制卷轴的卷首中间往往穿有一根宽 1—2cm、长 40—50cm 的丝带以缠裹经卷，这些丝带可被称为经卷系带。根据这些系带制作方式的不同我们可以把它们分为两类：一类是由普通的丝织面料缝制而成；另一类则是以 1cm 左右宽的丝织面料编织而成的狭长丝带。

缝制的经卷系带多是由丝织物对折缝合而成，双层，表面整洁。也

① 松本包夫《正仓院裂と飞鸟天平の染织》，紫紅社，1984 年，第 160 页。

有少数系带直接是一条窄带，保留了原织物的毛边。所用的面料也都是当时寺院常用的一些丝织品，包括绢、绮、绫、罗、锦等。另一类系带的做工则很考究，应是专门制作而成的。这类经帙系带的制作使用了绛丝、平织和斜编等技法，织物的幅宽就是带宽，如编号为 P.2272《阿弥陀经》的系带是一根宽 0.7—0.8cm、长 24.4cm 的绛丝带，蓝色地，红、黄、绿显花。平织的系带是指一类彩条晕䌹带，宽不足 1cm，以 1/1 平纹组织织成，织造时经线按色彩的不同有规律地排列，形成一种晕䌹效果(图 6–33) ①。

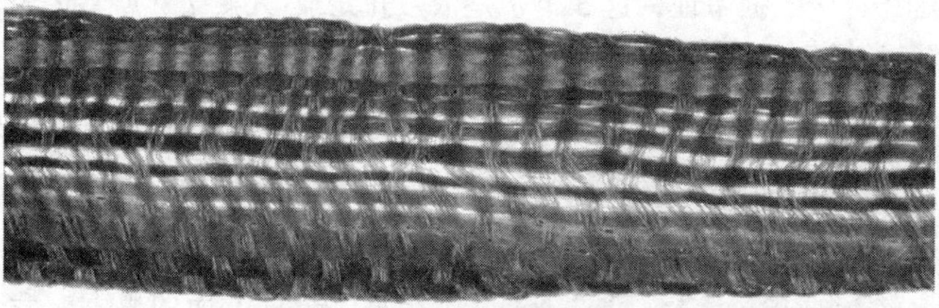

图 6–33　S.4861 彩条晕䌹经卷系带

大英博物馆还收藏有一根菱格纹斜编绦带(MAS.909)，其长 19cm，宽 2.5cm，编织时用 10 根橙色丝线、4 根白色丝线、10 根绿色丝线、4 根白色丝线有规律地排列，以 1/1 斜编的方法编出菱格纹样（图 6–34），

图 6–34　菱格纹斜编绦带结构示意图

① 赵丰主编《敦煌丝绸艺术全集·英藏卷》，第 106 页。

从它的形制来看，应是作为经卷系带使用。同样的斜编带在吉美博物馆也收藏有一根(EO.1203B)。

法国吉美博物馆的敦煌藏品中有两件方形麻布，边长近50cm，是包裹经卷的包袱布。其中编号为MG.23082的麻布上有墨书4列，注明其内所包经卷为“道”字号的佛典旧译《大方广佛华严经》第四帙。一边的两端各缝有一根宽不足1cm的麻布细带，可用来捆绑包袱（图6–35）[①]。斯坦因曾拍摄过一张刚移出藏经洞的汉文写卷的照片，从中可以看到一卷卷整齐堆放的汉文卷子，其中一个包袱上还有“摩诃般若海”5个字(参见图1–6)。据考证，这5个字是依《开元录·入藏录》所写的经名和帙号，该包袱内所包的应是“海”字号的佛典四十卷本《摩诃般若经》第二帙[②]。另一件麻布经袱，与编号为MG.23082的经袱为同一类型。根据上面的墨书，我们可以推断，该经袱曾包裹过“姜”字号佛典《摩诃般若经》第一帙。由此可见，藏经洞的文书在流散前应多是分类存放的。

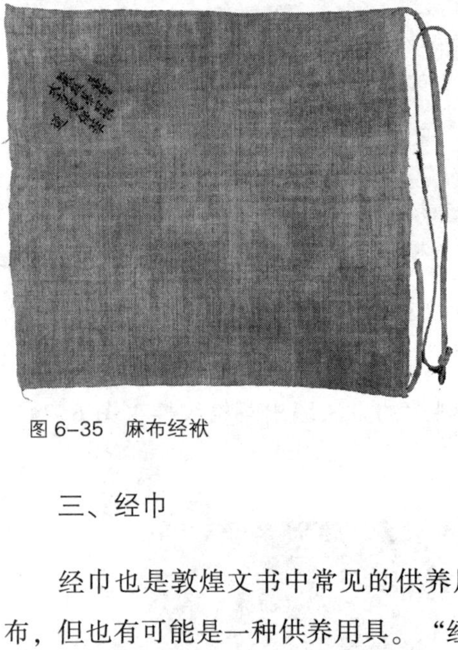

图6–35 麻布经袱

三、经巾

经巾也是敦煌文书中常见的供养用具，可能是用以包裹经卷的包袱布，但也有可能是一种供养用具。“经巾”一词多次出现在敦煌文书中，但对其形制和功能却没有明确的解释，我们在此试将经巾的形制作一探讨。

首先，我们将敦煌文书中关于“经巾”的主要记载整理如下：

① 赵丰主编《敦煌丝绸艺术全集·法藏卷》，第145页。
② 荣新江《敦煌学十八讲》，北京大学出版社，2001年，第78页。

1.《龙兴寺卿赵石老脚下依蕃籍所附佛像供养具并经目录等数点检历》（P.3432）：

故高离锦经巾壹，色绢里，四方各长壹箭半。又细画布经巾壹，长叁箭壹指，阔两箭半。木经案大小各贰。绯绢经巾，色绢里、白练画缘，长两箭、阔壹箭半，不堪受用。又经巾壹，花罗表，红绢里，长壹箭半，阔叁尺伍，不堪受用。

2.《唐咸通十四年（873）正月四日沙州某寺交割常住物等点检历》（P.2613）：

故破碎高离锦经巾壹，麴尘绢里，每面各长壹箭半。
故破黄绫锏经巾壹，长叁箭，不堪受用。
故破错菜（彩）经巾壹，紫绢绯绢里。
故破花罗经巾壹，不堪用。
绯绢夹经巾肆，每面各长壹箭，阔肆尺。

3.《后晋天福七年（942）某寺法律智定等交割常住什物点检历状》（S.1774）：

司马锦经巾在柜。
黄布经巾壹条。
千佛经巾壹。

4.《后周显德五年（958）某寺法律尼戒性等交割常住什物点检历状》（S.1776）：

司马锦经巾壹，在柜。

黄布经巾壹。又黄布经巾壹。

百纳经巾壹。

5.《年代不明（10世纪）某寺交割常住什物点检历》［S.2607(1—4v)］：

织成锦经巾壹白䌷里，古破绣锦□经巾壹无里，新锦绣大经巾壹，红川锦缘□□□绢里面破青纈经巾壹欠里壹副，而意杖壹并□机。

6.《年代不明（10世纪）某寺常住什物交割点检历》(P.3587)：

银泥经巾子一。青绢履。画木香奁一。大铜铃一。纸箱子壹合。画布经巾贰。

谏导经巾，长柒尺。画木香奁一。

7.《河西归义军节度使曹元忠浔阳郡夫人等供养具疏》[S.3565(2)]：

造五色锦绣经巾壹条，杂彩幡额壹条，银泥幡　　施入法门寺，永充供养。

目前敦煌学界对经巾究竟是什么尚无定论，对其用途和形制也不是很清楚。但从以上文书来看，经巾有着下列一些特点：

1. 经巾的尺寸

经巾的尺寸虽有大有小，但从敦煌文书中的记载来看，其最小的尺寸约为一箭，即60—70cm，最长的尺寸不过210cm。其形状以方形为主。在表6-1中共列有11件经巾，其中3件基本为方形，两件只有长度尺寸没有宽度尺寸，还有6件稍呈长方形，但其长宽比也不是很大，在1.2—1.3之间。

表6-1 敦煌文书中记载的经巾尺寸

经巾名	数量	尺寸	尺寸换算	其他辅料	文书编号
高离锦经巾	1	各长壹箭半	长约98cm 宽约98cm	色绢里	P.3432
细画布经巾	1	长叁箭壹指 阔两箭半	长约2m 宽约163cm		P.3432
绯绢经巾	1	长两箭 阔壹箭半	长约130cm 宽约98cm	色绢里 白练画缘	P.3432
花罗经巾	1	长壹箭半 阔叁尺伍	长约98cm 宽约105cm	红绢里	P.3432
高离锦经巾	1	每面各长 壹箭半	长约98cm 宽约98cm	麴尘绢里	P.2613
黄绫锏经巾	1	长叁箭	长约195cm	紫绢绯绢里	P.2613
绯绢夹经巾	4	长壹箭 阔肆尺	长约65cm 阔约120cm		P.2613
谏导经巾	1	长柒尺	长约210cm		P.3587

2. 经巾的面料

从上述几份文书来看，经巾所使用的面料十分丰富，而且很鲜艳。我们对其所用的面料作一小计：

高离锦经巾（P.3432、P.2613）：这种经巾以高离锦为面料。高离锦在当时很有可能是高丽生产的织锦，风格应该与扎经染色绸相似，以状如霓霞而著名①。

黄绫锏经巾（P.2613）：这里的锏应该原为绸，即是晕绸织物的意思，在唐代晕绸织物可以是织成，称为晕绸锦，也可以是染成，称为晕绸，状如彩虹，有晕色过渡，特别华丽。

错彩经巾（P.2613）：应该是一种以色彩错落排列为特征的织物，其

① 高离锦的论述详见本书第八章第三节。

效果可能与高离锦和晕䌷相似，也可能是由各种不同色彩的面料依次排列缝制而成。

司马锦经巾（S.1774、S.1776）：司马锦以人名或官名命名，不知原意。但既然称为锦，即是织彩为文，表现效果一定十分华丽。

织成锦经巾［S.2607(1-4v)］：“织成”之名在唐代所见不多，它应该是一种根据最后之用途需要而专门织造的多彩织物。

五色锦绣经巾［S.3565（2）］、绣锦□经巾、锦绣大经巾（S.2607）：这里的三条经巾名称都以锦绣或绣锦来命名。锦与绣都是中国古代代表美丽和美好的词汇，两者加在一起，有着锦上添花的意思。其中一条还用红川锦作缘，一定更为华丽。

百纳经巾（S.1776）：“百纳”一词，也作“百衲”，一般指用不同的布片缝成一块大布，也就是用不同的小片织物缝成较大的织物。这很有可能与上述锦绣经巾是同一类经巾。锦绣是两种不同的工艺，若要结合在一起，必须通过缝合，缝合之后，其实就是百衲织物。

千佛经巾（S.1774）：这是敦煌文书中唯一一件说明了图案的经巾。千佛作饰，当时只有两种方法：一是手绘，二是刺绣。敦煌出土织物中的手绘佛像大多只在幡面或幡身，这里的千佛像用刺绣的可能性更大。

青缬经巾（S.2607）：指的应该是以染缬为面料的经巾。在敦煌藏经洞发现的染缬实物中几乎都是夹缬，因此，这件青缬很有可能是以青色作地的夹缬。当然，由于这里没有提到夹缬，也没有提到多彩，其效果也有可能与绞缬相似。

银泥经巾（P.3587）：银泥应是一种用银泥进行印花或手绘的效果，这在敦煌藏经洞发现的实物中有很多实例，较多见于幡手和幡足的装饰。

花罗经巾（P.2613、P.3432）：以提花罗织物作为经巾的面料。

绯绢经巾（P.2613、P.3432）：以绯红色的绢作为经巾的面料。

此外还有画布经巾、黄布经巾，均用布作面料；至于谏导经巾，暂时无法判断。

由上可见，经巾通常都是十分华丽的一块平面的纺织品。

3. 经巾的用途

在文书中，经巾经常与柜子出现在一起，有时与案子一起出现。与柜子一起出现是因为经巾可以折叠后放入柜子内，但《龙兴寺卿赵石老脚下依蕃籍所附佛像供养具并经目录等数点检历》（P.3432）中提到它与经案一起出现："细画布经巾壹，长叁箭壹指，阔两箭半。木经案大小各贰。绯绢经巾，色绢里、白练画缘，长两箭、阔壹箭半。"这里的木经案刚好夹在两条经巾的中间，很有可能这件经巾与经案有着一定的关系。由于经案是用于放置经卷或是僧人在诵经时所用，经巾也就有可能是用于包裹经卷的织物。从经巾的尺寸来看，也与包裹经卷或是铺于经案之上的织物的尺寸基本相吻合。

根据敦煌文书中所载经巾之尺寸和面料的特点，我们在敦煌发现的丝织品中找到了一些百衲类织物，推测它很有可能就是文书中记载的经巾。

较为完整的是一件现在收藏于大英博物馆的百衲经巾（MAS.856），其长为150.5cm，宽为111cm，由不同面料拼缝而成。位于中间的是红绢地的刺绣花卉，四周边缘是蓝地对鸟衔枝纹夹缬绢，其余由绢、绫、绮、锦、夹缬绢、绢地刺绣品等缝合而成，在制作时按一定的对称规律拼贴（图6-36）。这些碎旧织物有些可以早到初唐至盛唐时期，如其中的晕繝小花绫和晕繝小花锦，以及小窠宝花锦等，但其中的刺绣和夹缬的年代则可以推至中唐至晚唐时期。因此，这件织物的最后年代应该在中唐至晚唐。用多块碎旧织物拼缝成更大的织物可以称为百衲。文书《后周显德五年(958)某寺法律尼戒性等交割常住什物点检历状》(S.1776)记载的"百纳经巾"应该就是指此类用各种织物拼缝起来的经巾。

此外，旅顺博物馆中也保存了3件百衲类的织物。一件花卉纹锦缘百衲的保存情况较好（20.1449），其长为125cm，宽为100cm，四周以

图 6-36 百衲经巾

花卉纹锦作缘，中间是各种绫锦制成的百衲。另一件较残（20.1448），四周以蓝绢作缘，中间以晕绚染缬和红、黄相间的织物缝成百衲，可以推测其原来的效果也一定非常华丽。还有一件花卉纹夹缬缘百衲残片(20.1439)，其尺寸为长 159.5cm，宽 66cm，四周缘以花卉纹的夹缬，中间由绢、绮、绫、经锦等缝制成百衲织物。

敦煌发现的所有这些百衲实物的尺寸与文书中所记载的经巾之尺寸基本相符，其多彩华丽的特点也相一致。由此来看，这种百衲织物很有可能就是敦煌文书中记载的经巾。

第五节
毡、毯

唐代敦煌寺院纺织品的原料除了丝、麻和棉外，还有相当多的毛织物，这可能与敦煌所处的地理位置有关。《太平寰宇记》卷一五二“凉州”条载：“山阔千余里，其高称是，连亘数郡，美水丰草，尤宜畜牧。”《旧唐书》卷九二载，瓜州晋昌县“冥水自吐谷浑界流入大泽，东西二百六十里，南北六十里，丰水草，宜畜牧”。沙州（敦煌）也是唐五代畜牧业比较发达的地区之一，以动物毛发为原材料的毛织物生产在该地区已有相当长的历史。敦煌文书中较多记录了当时敦煌民众牧驼、马、牛、羊等的状况[1]，尤其是归义军时期，此处的畜牧业更是兴旺发达。文书《归义军节度时期官营牧羊算会历状》（P.3945）和《戊辰年（968）十月十八日归义军算会群牧驰马牛羊现行籍》（P.2484）中对当时归义军政权所辖各牧群的牲畜数量都有详细的记录。《皋兰县志》记载甘肃一带自古有“拈毛成线，织褐为衣”之说，《新唐书·地理志》中所载的凉州土贡就包括毛织物“毯”[2]，而《元和郡县图志》中所载的

① 如敦煌文书S.542、S.3048、S.3984、P.2155背、P.2484、P.3131、P.3246、P.3945、Дх.1424等。

② （宋）欧阳修、宋祁等《新唐书》卷四〇《地理志》四，中华书局，1975年，第1044页。

凉州贡品还有“柔毛毡”[1]，可见毡和毯都是唐代敦煌一带常见的毛制品。

敦煌文书中有不少涉及毡、毯类物品的记载。除了点检历中有大量的记录外，文书 S.1947IV 更是抄录了唐咸通四年癸未岁（863）敦煌所管十六寺和三所禅窟中的毛制品：

> 癸未年五月廿三日抄录官算籍上明照手下再成毡定数如后：
>
> 新方褥一，细緤傺锦面，丝麻锦褥一，毡傺。绯治毡一领，锦缘。又圣僧褥子一，故。天王褥子三。小袟故方绣褥子一，白毡傺。东河水磑一轮。油梁一所。青花毡一领。五色花毡三领，内一破。绯绣罗褥一。七尺氍毹一。新方毡九领。新夹毡一条。袟毡廿三条，白傺。香奁小褥子一。故破毛锦二，内一非（绯）缘。故破五色褥一条，在吴和尚。杜心秤产一。二斗同（铜）钵一。神幡五口。钟一口。除褥计袟毡方毡廿八领。

从文书可知，敦煌寺院对于毛织物的使用还是比较普遍的，这些毛制品主要包括毡、褥、氍毹和毛锦等。

敦煌文书中记载的毡有单色的，也有彩色的，有的四周还包缝了织锦。毡的图案有五色花、大黄花和鹿等，有时用刺绣装饰[2]。

氍毹是一种毛织物，《一切经音义》援引《考声》、《声类》和《释名》等文献对氍毻多次加以解释：“西戎胡语，《考声》云：‘织毛为文彩，五色或作鸟兽人物，即毛布也’。《声类》：‘毛席也，出西戎，字无定体’，‘地衣舞筵之类’，‘织毛为之，色杂、文彩也’。《释名》云：‘毛相杂为之也。’《古今正字》云：‘毛席也’。”据此可知，氍

---

① （唐）李吉甫《元和郡县图志》卷四〇《陇右道》下，中华书局，2005年，第1019页。

② “绯治毡一领，锦缘”、“青花毡一领，五色花毡三领”（S.1947IV）；“大黄花毡壹”（P.3587）；“白方毡两领”、“古红绣毡壹领，内有鹿肆个”（S.4215）。

毹是其他民族语言的音译，彩色且往往是五色的毛织物，图案有鸟兽或者人物之类，有时以团窠的形式出现①。氍毹的主要用途是铺在地上用作“席”、“地衣”或“舞筵”。

唐代前后，氍毹在西域的使用应该说是较为普遍，用途也很广泛。当时的诗歌、史料中都能看到氍毹的相关记载。《乐府诗集》中的《陇西行》中就有“请客北堂上，坐客毡氍毹”②。除此以外，氍毹有时还用作壁毯，“暖屋绣帘红地炉，织成壁衣花氍毹”③。

“毛锦”在敦煌文书中出现得并不多，目前所知共有3处，除了上文所列文书S.1947IV中的记录外，另两处为：

1.《唐咸通十四年（873）正月四日沙州某寺交割常住物等点检历》(P.2613)：

故破毛锦壹，不堪用。
绯地青花鸟毛锦壹，壹拾叁窠，上有蠹孔壹伯玖拾叁。
绯地毛锦壹，捌窠，破碎。贰拾窠绿龟花毛锦壹，破。

2.《年代不明某寺常住什物交割点检历》(P.2706)：

□毛锦壹，故破黄花毛锦壹，白地緤氍毹（毹）壹，故破，长壹丈，阔陆尺。又緤氍毹（毹）贰，绯毛锦壹。又绯毛锦壹，长陆尺，録（绿）地毛锦壹，西州布壹丈贰尺。

唐代的官方记载中，几乎没有出现过“毛锦”一词，但“毛锦”却

① “肆窠氍毹一”（P.3587）。

② （陈）徐陵编，（清）吴兆宜注、程琰删补、穆克宏点校《玉台新咏笺注》，中华书局，2004年，第12页。

③ 岑参《玉门关盖将军歌》，（清）彭定求等《全唐诗》卷一九九，上海古籍出版社，1986年，第469页。

多次出现在唐代慧琳和尚的《一切经音义》中。其在对“氍毹”和“氍氀”等毛织物的解释中均提到了“毛锦”：

> 氍毹：上音瞿，下霜刍反。《考声》云：“织毛为文彩。”本胡语也，此无正翻，俗曰毛锦，即文罽也。居又反，或作氍毹。[①]
>
> 氍毹：上具俱反，下数俱反。《声类》云：“氍毹，毛锦也。”《广雅》：“文罽（罽）也。”《考声》云：“织毛为彣彩（彩）也。”《古今正字》并从毛，瞿俞皆声。《经》作氀音，缕诛反，不正音也[②]。
>
> 氍氀：上具俱反，下数衢反，波斯胡语也。《博雅》：“氍氀，西戎罽毲也，即是毛锦，有文彩，如五色花毲也。”《西域记》云：“出波利斯国即波斯国是也。”[③]

按照《一切经音义》中的解释，毛锦是对氍毹、氍氀等毛织物的一种俗称，专指有花纹的毛织物。这也可以从敦煌文书中得到印证，如文书 P.2613 中的“绯色地、青色花鸟团窠纹毛锦”、“贰拾窠绿麁花毛锦”以及 P.2706 中记载的“黄花毛锦”。青色花鸟团窠纹毛锦上的 193 个蠹孔更能够说明毛锦易被虫蛀的特性。毛锦具体的组织结构我们不得而知，但其质地很可能较疏松，所以文书常用“麁”一词来修饰毛锦。

敦煌毛制品的产地不尽相同，它们可能产自本地，也可能是西域其他地方。文书 P.4908 中有“于阗毡褥壹条，方汉褥贰，氍毹褥贰”的记录，可以推测：汉褥可能产自敦煌周边地区，为汉人工匠所织造；于阗毡产自于阗[④]；而氍毹应是于阗之外的西域外族的产品。《梁书·诸夷

① （唐）慧琳《一切经音义》卷一三，上海古籍出版社，1986 年，第 478 页。

② （唐）慧琳《一切经音义》卷四五，第 1778 页。

③ （唐）慧琳《一切经音义》卷四五，第 2589 页。

④《大唐大慈恩寺三藏法师传》卷五中介绍瞿萨旦那国时提到该国“出氍毹、细毡氎，工绩绝细”。

传》就载有大同年间高昌遣使献氍毹等物①。《三辅黄图》援引《西京杂记》中对未央宫室内陈设的描述时提道“以椒涂壁，被之文绣，香桂为柱。设火齐屏风，鸿羽帐。规地以罽宾氍毹”。这里使用的氍毹产地则为罽宾（葱岭之南）。至于毛锦的产地，根据《一切经音义》对氍氀的解释可以推断，毛锦的产地之一是西戎之地或者波斯。

藏经洞中几乎没有发现过完整的毛织物，只在一些幡上发现了缝缀的毛线。莫高窟北区虽然出土了大量毛织物，但大多为本色残片或条纹织物，未见文书中所记载的五色花毡或团窠纹氍毹。不过，我们可以从敦煌绢画或壁画中发现很多类似的图像。

盛唐之后，敦煌壁画的色彩变得华丽起来，这也体现在对纺织品的描绘上。这个时期经变画的数量大大增加，画中大量描绘了用黄金和珠

图 6-37　莫高窟第 201 窟北壁观无量寿经变中的舞乐

①《梁书》卷五四《诸夷传·高昌》：“大同中，子坚（高昌王）遣使献鸣盐枕、蒲陶、良马、氍毹等物。”

宝建造的楼阁宫殿以及舞乐欢动的盛大场面。《观无量寿经变》是敦煌壁画中最常见的题材之一，其描绘的建筑气势磅礴，场景辉煌壮丽。无量寿佛结跏趺坐于莲花宝座之上，观音、势至菩萨分列左右，僧众围绕，皆以毡毯为席，平台上吹弹乐器的乐师和翩翩起舞的舞者足下也都铺着华丽的地毯。毯上通常有彩色的花卉纹，类似文书中的“五色花毡”，上面的图案可能是织出的，也可能是绣成的（图6–37）[①]。

《维摩诘经变》也常见于敦煌壁画之中，从隋代到晚唐、五代，《维摩诘经变》画的内容越来越丰富，人物和场景的描绘也更细致。如莫高窟第98窟的壁画，维摩诘手持羽扇居床座，上有帷帐。床座上铺花毡一领，红色地，四缘是一列朵花，中间是宝花。文殊菩萨居莲座，座下置绿色毡毯，四缘装饰一圈与维摩诘座下毡毯相似的朵花[②]。莫高窟第61窟和第138窟的《维摩诘经变》画中也都细致描绘了维摩诘和文殊菩萨座下不同花色的毡毯（参见图6–24）。

敦煌绘画中的供养人也多描绘成或立或坐于毡毯之上。绢画《说法图》（OA.1919.1-1.06）描绘的是释迦牟尼伞下说法的场景，左下方是一女供养人，身着黄襦红裙，坐在黑色的毡毯上，毯的四周是一圈蓝色的边[③]。莫高窟第409窟东壁绘有供养人像，南侧绘的是身着团龙袍头戴桃形冠的回鹘王，北侧绘的是两位身着翻领长袍、头戴桃形凤凰金冠的王妃。两侧供养人足下都绘有长方形的毡毯，浅褐色地，四周饰一圈褐色波状卷草纹，中间散布着褐色折枝花[④]。

敦煌绘画往往也是对现实生活的反映，画中大量的毡毯形象可以说明毡毯在当时人们的日常生活和佛教活动中都得到了普遍使用。

---

① 敦煌文物研究所编《中国石窟·敦煌莫高窟》第4册，文物出版社，1999年，图48。

② 敦煌文物研究所编《中国石窟·敦煌莫高窟》第5册，图9、图10。

③ Roderick Whitfield, *The Art of Central Asia: the Stein Collection in the British Museum*, Vol.1, 1982, pl.7–1.

④ 敦煌文物研究所编《中国石窟·敦煌莫高窟》第5册，图134、图135。

第七章

生活中的丝绸服饰

在人们的世俗生活中，丝绸主要被制成各种服饰。敦煌文书中的服饰名称很多，如裙衫、袄子、衫子、长袖、半臂、袜肚、裙、裤、裈等，还有相关的鞋、袜、帽子、手巾以及帔子等，这些服饰经常作为施舍物、财礼，或者是作为遗产等出现。从这些文书中我们可以得知，用丝绸制成的各种服饰无论是对于平民百姓还是贵族，都是比较重要的财物。

不过，虽然敦煌文书中的丝绸服饰名称较多，但敦煌出土和保存的实物却极少，难以印证。所以通常只能以敦煌文书中出现的服饰名称为脉络，依据其他文献资料、敦煌壁画和相关图像资料进行考证，以说明敦煌在唐至五代时的丝绸服饰的主要类别和形象。

第一节
上　衣

上衣是人们穿在上身的衣服，有长有短，有里有外，敦煌文书中出现过的上衣名称有：袍、袄、衫、襕裆、半臂等，但以衫、袄等出现的频率最高。此外，帔帛也被算在上衣之中。

一、襕衫

襕衫，又称“衫子”。襕衫多为单层，男女都用。而衫子常指女性穿的单薄短衣。唐元稹《杂忆》诗：“忆得双文衫子薄，钿头云映退红酥。”因为短，又称“半衣”，五代马缟《中华古今注》云：“始皇元年，诏宫人及近侍宫人，皆服衫子，亦曰半衣，盖取便于侍奉。”

敦煌文书关于衫和衫子的记录中，没有关于里子的描述，这一点与衫多为单层的观点相符。衫子的材质以轻薄的绫、罗、绢为主。如《申年比丘尼修德等施舍疏（十三件）》（P.2583）中的“紫绢衫子一”，《辰年支刚刚等施入疏（十四件）》（P.2837 背）中的“草禄绢衫一”、“紫绫子衫子”，《后晋天福七年（942）十一月廿二日归义军节度使曹元深舍施回向疏》（P.4046）中的“小娘子施紫罗衫子壹领”。关于这些材质的轻薄状态，五代后蜀花蕊夫人《宫词》中谓：“薄罗衫子透肌肤”。衫子也有多种装饰工艺，比如贴金和绣，《索家财礼数目》（P.3490）中记有“贴金衫子壹领”，《年代未详（10 世纪）常住什物点检历》(S.6050）中记有“故破绯绣衫子壹”。

衫子在敦煌民众的日常生活中应用广泛，以文书《癸酉年（793）二月沙州莲台寺诸家散施历状》（P.2567 背）为例，其中衫子的记录就有十种之多：“青绫衫子一”、“青绢衫子一”、“红绢衫子一”、“夹缬衫子一”、“绯绫衫子一”、“帛绢衫子一”、“绯绢衫子一”、“赤黄绢衫子一”、“红罗衫子一”、“紫绢衫子一”。在此件文书中，除了这些丝绸制品外，也有一些用布制成的衫子，如“黄布衫子一”、“细布衫一领”、“细布衫一”、“布衫一领”等。

二、袄子

敦煌文书中记载有“襖子”，即为袄子。袄子一般指有衬里的上衣，冬季穿，也可夹纳棉絮。《旧唐书·舆服志》：“爰至北齐，有长帽短靴，合袴袄子，朱紫玄黄，各任所好。”[①]五代马缟《中华古今注》中：“宫人披袄子，盖袍之遗象也，汉文帝以立冬日赐宫侍承恩者及百官披袄子，多以五色绣罗为之，或以锦为之，始有其名。”[②]

关于袄子有里子这一点，在敦煌文书中可以找到例证。《年代未详沙州僧崇恩处分遗物凭据》（P.3410）中记录了两件有里子的袄子：“绫袄子壹，青绫里”、“红锦袄子壹，绯绢里”，可见袄子的里子有绫有绢。而袄子的面料则多用绫，《后唐清泰三年（936）沙州傔司教授福集等状》（P.2638）中记有“宰相锦袄子价楼机绫贰匹”。P.2567 中记有“青绫袄子一”、“新帛绫袄子”、“赤黄绫袄子一”、“紫绫装袄子一”，《后唐长兴四至五年（933—934）曹议金回向疏（四件）》(P.2704）中记有“紫盘龙绫袄子壹领”，《归义军节度留后使曹元德状》（P.3260）中记有“紫绵绫旋襴袄子壹领”。袄子也有用锦作为面料

① （后晋）刘昫等《旧唐书》卷四五《舆服志》，中华书局，1975 年，第 527 页。
② （五代）马缟《中华古今注》，中华书局，1980 年，第 20 页。

的，《后晋天福七年（942）十一月廿二日归义军节度使曹元深舍施回向疏》（P.4046）中记有“红锦袄子壹领”。

袄子的量词为“领”，为了互相区别容易清点，敦煌文书中一般注明袄子面料的颜色、种类以及数量。只有一例（P.2704）中记有“紫盘龙绫袄子壹领”，这件文书注明了面料的图案为紫盘龙，可见其面料图案的特殊性，这一点将在其他的章节中详述。另外《后唐长兴四至五年(933—934）曹议金回向疏　（四件)》（P.2704）中所记的“紫袖袄子一领”也有其特殊性。所谓紫袖，自然是指袄子的袖子用紫色面料制成，但为何要特别写出，极有可能是衣身与衣袖的面料颜色有所不同，而且这样的搭配方式极少，以至于只要写出紫袖就可与其他袄子相区别。

三、襜裆

敦煌文书中还有服饰名为“襜裆”者，本文之所以将其与袄子放在一起，是因为我们认为襜裆也是一种上衣。关于襜裆的具体形制，并无确论，《汉语大词典》认为“褴裆”与“襜裆”同，这一点笔者无疑议，但其对褴裆的解释是：“唐代妇女穿的一种类似裲裆的外袍。”①这条解释恐有待商榷。就年代而言，谓其“唐代”似乎不太准确。以目前所见，有四件敦煌文书提到了“襜裆”，其中两件年代清楚，一是在 793 年(P.2567 背)，一是在 984 年（S.4609)，可见在敦煌地区其年代至少可以从唐延至宋代。关于“妇女穿”的说法，从敦煌文书看，四个文书中的襜裆都与比较明显的女性服装排列在一起：如文书 S.4609 中“碧绫裙壹腰、紫绫襜裆壹领、黄画被子一条”；文书 S.4252 中“又付邈与社绿绫裙壹，碧线裙壹并带具全，锦襜裆，贴金衫子壹”。可见至少在敦煌地区襜裆多为女性所穿。但《新唐书·舆服志》中也有男子穿褴裆的例子：

① 汉语大词典编辑委员会编《汉语大词典》，世纪出版集团，1997 年，第 5354 页。

"殿庭文舞郎，黄纱袍，黑领褾，白练 裆，白布大口绔，革带，乌皮靴。"[①]可见襪裆也有男性穿的。就"类似裲裆"的说法，裲裆，一般被认为其一当胸，其一当背，是无袖的形制，但襪裆有袖，有两例为证。文书P.2567背中记有"紫袖襪裆一"，这里特别注明了其为紫袖。另在《敦煌变文集》卷三中亦有记载："襪裆两袖双鵶鸟，罗衣接缥入衣箱。"最后是关于"袍"的观点，所谓袍，与上衣的区别之一在于长度，《旧唐书·舆服志》所记之"白练褴裆，白布大口绔"以及唐蒋防《霍小玉传》"(小玉）著石榴裙，紫褴裆"，这两条记录中，可以看到襪裆的长度并不太长，至少不至于遮盖下衣。

综合以上信息，我们认为，襪裆是一种上衣，有袖，男女都穿，在敦煌地区，极有可能女性穿的比例较大一些。敦煌文书中还记录了多种可用来制成襪裆的丝绸，如S.4609中记有"紫绫襪裆壹领、红锦襪裆壹领"；P.2567背记有"禄绫襪裆一、新黄绫襪裆一、青绢襪裆一"，P.2583中记有"紫官絁襪裆一，故破黄絁布裹襪裆一"。

四、半臂

所谓半臂，最大的特征是袖长只有一半，故又称半袖[②]。半臂名称始见于唐，人们穿着非常广泛。男女都穿，可穿于内也可穿于外，且不分身份场合。五代冯鉴《续事始》引《二仪实录》："隋大业中，内宫多服半襟。即今之长袖也，唐高祖减其袖，谓之半臂。"从这段引文也可以看出长袖与半臂的关系。敦煌文书中出现的长袖不多，《年代未详沙州僧崇恩处分遗物凭据》(P.3410）中记有"京褐夹长袖壹"，另外《龙德四年（924）雇工契（样式)》(S.1897）中记有"长袖并裈、皮鞋一量"。在敦煌壁画中可以看到多例穿半臂的人物形象。绘于初唐

---

① (宋）欧阳修、宋祁等《新唐书》卷二四《车服志》，中华书局，1975年，第520页。

② 沈从文《中国古代服饰研究》，上海书店出版社，1999年，第254页。

的第329窟东壁南侧说法图中的女供养人穿高腰裙，上着一件黄色的半臂，里衣为白色（图7–1）。与其服装形制相似的还有初唐莫高窟第217窟东壁北侧《观音经变》中的两个女性形象，也都是高腰裙和短半臂，这样的半臂极短且紧窄，看起来其下摆塞入裙腰内，其形制在俑上看得比较清楚。如陕西西安东郊王家坟出土的唐三彩梳妆女俑，以及陕西礼泉县唐麟德元年郑仁泰墓出土的彩绘釉骑马戴帽女俑[①]。盛唐莫高窟第130窟《乐廷环夫人行香图》中的几身女供养人像所穿半臂虽然还是很短，但衣身及袖显然已经很宽松了，其形象和新疆吐鲁番阿斯塔那216号墓出土的彩绘仕女木俑相似。这样的变化应和盛唐后女性的形象趋向丰满，而使整体服装造型改变有关。在别的图像资料中，还可以看到半臂的衣长略长，盖住了裙腰，如陕西乾县永泰公主墓前室东壁南侧宫女图中的几身女性形象[②]。

图7–1　莫高窟第329窟东壁南侧说法图中的女供养人

另外在莫高窟壁画上还出现过衣长几乎及膝的半臂：莫高窟第46窟南壁有一个射手形象，穿一件袖长至肘的白色斜襟外衣，衣长几乎到膝盖，露出红色里衣（图7–2）。这样的衣身

图7–2　莫高窟第46窟南壁射手

① 冀东山主编《神韵与辉煌：陕西历史博物馆国宝鉴赏》，三秦出版社，2006年，第97和87页。

② 周天游主编《新城、房陵、永泰公主墓壁画》，文物出版社，2002年，图48—图50。

较长的半臂在陕西周至县唐墓出土的彩绘女舞俑上也可见到，只是这几个女俑所穿的半臂为对襟，腰系带，袖较短只到上臂中部。

半臂除了外穿，还可作为里衣穿着，唐代相关图像资料或俑的造型对这一点表现得非常清楚。在上臂处（即半臂的袖口位置）有明显的凸出，然后下凹，让人一看便知外衣里面穿着半臂，但敦煌壁画中并没有此类非常鲜明的形象。半臂作为里衣，穿在袍内者最多。西安南里王村韦洞墓出土的石刻线画侍女、陕西咸阳边防村唐开元二年杨谏臣墓出土的彩绘胡服女俑都是袍内穿半臂。也有穿在襦里面的，如陕西西安西郊中堡村唐墓出土的三彩女立俑。

关于制作半臂的织物，敦煌文书中所记多为绫，如《癸酉年（793）二月沙州莲台寺诸家散施历状》（P.2567背）中记有"帛绫半臂一碧绫兰"、"帛绫半臂一并绫兰"、"帛绫半臂一并兰一"，《后唐长兴四至五年（933—934）曹议金回向疏（四件）》(P.2704）中记有"大紫绫半臂壹领"、"紫绫半臂壹领"。《新唐书·地理志》记载扬州土贡物产中有"半臂锦"，这应该是指专门用来制作半臂的织锦[1]。所谓"帛绫半臂一碧绫兰"和"帛绫半臂一并绫兰"中的"碧"和"并"，音近，以"碧"作织物的颜色解更加通顺一些，故"并"很有可能是"碧"的误写。"兰"通"栏"和"阑"，而栏杆和阑干在服装上都表示缘边装饰。所以这里的帛绫半臂的"碧绫兰"极有可能是指半臂上装饰有碧绫的缘饰。

以上部分服饰，由于其特征明显，我们可以在敦煌壁画中找到相对应的图像，进而推测它们的具体形制。但也有一些敦煌文书中所列的服饰名物很难在图像中有所表现。鉴于此，只能就这些名物在敦煌文书中所传达的信息做列举比较，期待将来能有更多实物的出土以弥补这些缺憾。

---

① （宋）欧阳修、宋祁等《新唐书》卷四一《地理志》，第1051页。

五、暖子

《后唐长兴四至五年（933—934）曹议金回向疏（四件）》（P.2704）中记录了曹议金所施舍物品中有红宫锦暖子一领和紫锦暖子一领。这两领暖子都用锦制成，一红一紫，但暖子的形制到底怎样，敦煌文献中并没有记录，其他文献中也记录甚少。《册府元龟》卷三一四条载："朕尝闻前时内库有两领锦暖子，其上饰以金乌。一领玄宗皇帝幸温汤时著，一领与杨贵妃著，当时贵重如此，如今奢靡岂复贵之，料今富家亦应往往而有。"[①]相关的另一条记录在《新唐书·李石传》中："吾闻禁中有金乌锦袍二，昔玄宗幸温泉与杨贵妃衣之。"[②]这两个文献说的显然是同一件事，而且数量和装饰图案也可对应。可以推断所谓的暖子是一种袍，又是用于沐浴后，猜测有点像浴袍，是在洗澡之后裹身用的，应该宽松且温暖。

这种暖子价值一定不菲，在盛唐时只有两领，给皇帝和宠爱的贵妃穿，即使到了晚唐太和末年世风奢靡，暖子也只在富贵之家才有，但远在敦煌的曹家也有暖子，说明曹家还是非常显贵的。

六、帔子

帔子，在敦煌文书中以不同的名称出现：被子，《索家财礼数目》（P.3490）中"黄画被子壹条"[③]；披子，《申年比丘尼修德等施舍疏（十三件）》（P.2583）中记有"红蕴披子一"；帔子，《年代不明法律德荣等唱卖倸施得布给历稿》（北图 364：8444 号背）中记有"又唱黄画帔子得布伍伯尺"；帔，《年代不明付绢练物等历》（P.4957）

① （宋）王钦若等编《册府元龟》卷三一四，中华书局，1960 年。

② （宋）欧阳修、宋祁等《新唐书》卷一三一《李石传》，第 4514 页。

③ 谭蝉雪认为此"被子"即为"帔子"，《敦煌婚姻文化》，甘肃人民出版社，1993 年，第 22 页。

中记有“善胜黄画帔壹条”。

帔子与其他文献中所记之披帛、帔帛、帔巾等在形制特征上应相似，都是指长条形的缠绕于肩背手臂间的女性服饰品。其他文献中对帔子也多有记录，如马缟《中华古今注》中记载：“开元中，诏令二十七世妇及宝林御女良人等，寻常宴参侍令，披画披帛，至今然矣。”唐蒋防《霍小玉传》：“(小玉) 容貌妍丽，宛如生平。著石榴裙，紫褴裆，红绿帔子。”五代张文成《又赠十娘》诗：“迎风帔子郁金香，照日裙裾石榴色。”①

敦煌文书中记有领巾和令巾。S.86 中有“绢领巾壹事”，《索家财礼数目》(P.3490) 中有“淡绣令巾一”，“领”通“令”，周锡保认为，所谓领巾，当是帔帛的另一个名称②。另外文书 S.4609 中，有关于礼巾的记载：“贴金礼巾壹条、紫绣礼巾壹条、绣礼巾壹条、银泥礼巾壹条”，从其量词“条”来看，也极有可能是帔子之类。

女子在肩背手臂间缠绕轻薄丝织品以作装饰，在唐五代时期非常流行。唐周昉《簪花仕女图》、《纨扇仕女图》，张萱《捣练图》等卷轴画中描绘了众多着帔帛之女性形象，另外唐代陕西永泰公主墓、章怀太子墓和懿德太子墓等墓室壁画中的女子也多用帔帛，且不分身份高低。从图中可知这种服饰的形制大致可分为两种：一种较宽，可覆盖整个肩及上臂，长度较短，最长至膝盖。穿着时常将一头塞入裙腰固定，只将另一头披散，在 1973 年新疆吐鲁番阿斯塔那 206 号墓出土的一个穿襦裙帔子的女俑身上，可清楚地看到这种形制③。在上述三个唐墓壁画中也可见到这种形式，章怀太子墓前室西壁南铺《观鸟捕蝉图》中的一个女

---

①《全唐诗逸》，收入（清）彭定求等《全唐诗》，上海古籍出版社，1986 年，第 2208 页。

② 周锡保《中国古代服饰史》，中国戏剧出版社，1984 年，第 196 页。

③ 香港文化博物馆《走向盛唐：文化交流与融合》，康乐及文化事务署，2005 年，图 172。

子仰首观鸟，一手持簪，另一只手上搭着披散的帔子，帔子正面为红色，尾端略有翻转，露出反面的绿色[①]。另一种形制宽度较窄，但长度较长，长者及地。敦煌壁画中相关时期的女供养人多用这种形制，如敦煌莫高窟第 61 窟主室东壁南侧女供养人所披[②]。

对于帔子的具体长度，敦煌文书中有一些尺寸记录，大部分见于纳赠历中，如《辛巳年营指挥葬巷社纳赠历》（S.2472 背）中记："高留奴粟并油柴半幅黄画帔子通计二丈四尺"，"李马踏粟并油柴黄画帔子绯绵绫共计一丈三尺"。另一纳赠历（P.2680 背）中记："王文诠生绢壹匹白绵绫壹匹，紫绣故帔子五尺。"也有一些见于其他文书中，如《年代不明付绢练物等历》（P.4957）："法界黄罗帔子一七尺。"《乙未年某某荣葬名目》（P.3416）中另记有一条："黄画披子七尺。"这些尺寸长者二丈四尺，短者五尺，值得注意的是以上附有尺寸的帔子都与织物列在一起，似乎也是作为一种织物来计算，而非仅仅是服饰。由此推测，或许有一类织物专为帔子而制，或者由于帔子的形制为长条形，可裁制成别的衣物，所以既可做服饰，也可作为织物捐赠。

图 7–3　莫高窟第 98 窟东壁南侧于阗王后像

敦煌壁画中可以看到若干种帔子的围绕方式。长者如莫高窟第 98 窟东壁南侧于阗王后像（题记："大朝大于阗国大政大明天册全封至孝皇帝天皇后曹

① 周天游主编《章怀太子墓壁画》，文物出版社，2002 年，图 47—图 48。
② 敦煌文物研究所编《中国石窟·敦煌莫高窟》，文物出版社，1999 年，图 79。

图 7–4 莫高窟第 468 窟西壁龛下女供养人

氏”）身上所披（图 7–3），这件帔子由背后绕向身前交叉搭在手臂上，其长度已在三个身长以上。以身高 160cm 的女性去掉头部 20cm 左右身长以 140cm 计，则帔子长度可至 500cm 左右。参考唐代敦煌地区尺的长度，据宋家钰考证，唐末五代敦煌地区，民间常用的 1 尺长度为 30—31cm[①]。以 1 尺为 30cm 计算，500cm 在 17 尺左右。短者如中唐莫高窟第 468 窟西壁龛下的一身持扇女供养人之所披（图 7–4）。帔子直接围在女供养人的脖子上，两头下垂约至膝部，这样的长度可在 200cm（7 尺）左右或更短。根据以上几种推断所得的帔子长度，都在文书所记尺寸的范围之内。

敦煌文书中提到的帔子面料有罗和绢，由于罗的经纬线稀松，特征比较明显，在敦煌壁画中对此有清晰的表现。例如中唐莫高窟第 468 窟西壁龛下一身红衣绿裙女供养人的帔子，它被画成网格状，应该是对比较稀松的织物的表现方法（图 7–5）。中唐第 231 窟东壁门上女供养人的帔子也用网格表示，据考证此窟建于唐文宗开成四年（839）。门上两身供养人像是敦煌郡处士阴嘉政的父母，其父阴伯伦是唐朝游击将军丹州长松府左果毅都尉，女供养人像即其母索氏。

敦煌帔子的装饰工艺则有蕴、绣、画等。如《申年比丘尼修德等施舍疏(十三件)》（P.2583）中的“红蕴披子一施入合城大众”，《癸酉年(793）二月沙州莲台寺诸家散施历状》（P.2567 背）中的“晕绢被子”；《年代不明付绢练物等历》（P.4957）中的“王义恩淡绣帔

① 宋家钰《S.5632：敦煌贷绢契与量绢尺》，《英国收藏敦煌汉藏文献研究：纪念敦煌文献发现一百周年》，中国社会科学出版社，2000 年，第 168 页。

子一”，“紫绣帔子一付善藏”，“善胜黄画帔壹条”；《索家财礼数目》（P.3490）中的“黄画被子壹条”。晕是指“晕绹”，晕绹这一手法最早出现在西北地区的汉代毛织物上，丝织物上的晕绹则迟至唐代才出现，并在唐达到极盛，在吐鲁番唐代墓葬中有不少这类织物的发现①。敦煌出土的晕绹织物则大量被用作经卷系带，如英国国家图书馆所藏敦煌纺织品中的S.2129晕绹彩条纹绢经卷系带、S.4868彩条晕绹经卷系带和S.10877晕绹彩条绢经卷系带等。

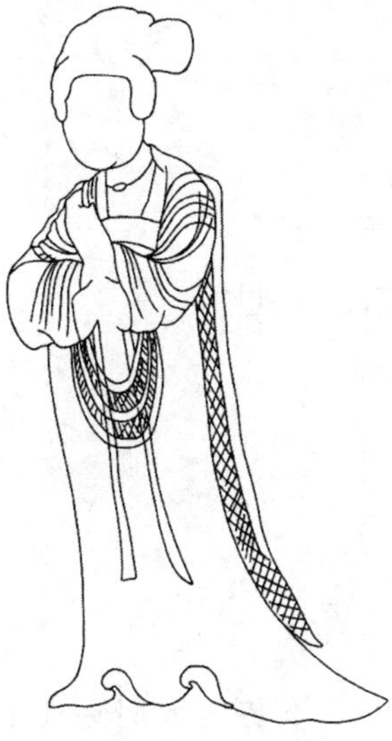

图7-5　莫高窟第468窟西壁龛下女供养人

① 赵丰《中国丝绸艺术史》，文物出版社，2005年，第57页。

第二节

下　装

下装是人们穿在下身的服装，敦煌地区存在较多的下装有裙、裤等，其中裤又包括袴和裈，其中开裆之裤称为袴，合裆之裤称为裈。

一、裙

《亥年（831?）十月一日以后诸家散施入经物历稿》（S.2447）中记有“杜都督施红单绢裙壹并腰带，出唱得布壹伯叁拾尺”；《年代未详（10世纪）常住什物点检历》（S.6050）中记有“白绫裙表壹并锦腰紫罗带”。在这两份文书中提到了裙腰和腰带，说明当时的裙至少由裙身、裙腰和腰带组成。S.6050中记录的裙以白绫为裙身，锦做裙腰，紫罗做腰带，显然其裙身、裙腰和腰带的材质都不尽相同。在敦煌壁画中绘有许多穿着不同裙身、裙腰和腰带的人物形象，而这些裙身、裙腰和腰带极有可能是由不同材质制成的，如晚唐莫高窟第9窟东壁南侧下部、比丘尼身后的第6身女供养人，其身穿高腰裙，裙身为绿色，白底花卉纹的裙腰，系红色腰带，腰带下垂至小腿。第7身女供养人穿红裙，白底花卉纹腰带，系的则是绿色的腰带。两身女供养人的裙身和腰带都呈对比色，可见腰带不仅有系结的功能，在很大程度上更是起到了装饰的作用（图7–6）。

就裙的材质来说，主要有绫、罗、绢。例如《索家财礼数目》（P.3490）中的“碧绫裙壹腰”、“红罗裙壹腰”，《申年比丘尼修德等施舍疏（十三件）》（P.2583）中的“绢裙一腰”、“青绢裙一腰”。裙的装饰手法主要为绣，如《辛□年四月廿六日起惠润手下出织物历》（P.5588）中的“辛□年四月廿六日惠润手下出绣裙壹腰”。另外敦煌文书中提到了“独织裙”，《宋淳化二年（991）四月廿八日回施疏》（S.86）中记有“独织裙壹腰”。所谓“独织裙”应与织成裙同义，意思是指裙上纹样是专为该裙而制作的。《文献通考·四裔十一》载：“其主椎髻，以皂为帽；其妻衣织成裙，披锦袍。”

图 7-6　莫高窟第 9 窟东壁南侧下部女供养人

二、袴和裈

汉刘熙《释名·释衣服》载：“袴，跨也，两股各跨别也。”汉史游《急就篇》也记有：“襜褕袷複褶袴裈。”唐颜师古注：“合裆谓之裈，最亲身者也。”从这些文献上可以看到，最初的袴和裈的区别在于袴的裆不缝合，而裈则是合裆之裤。这种情况，一直到唐代还是如此。《唐天宝九载十载兵士衣服支给簿》（S.964）的记载中，分发给同一个人的服装中既有袴又有裈,这说明袴和裈仍有区别。

敦煌文书中记载用于制袴和裈的丝织物有绢和绫，如《年代未详沙州僧崇恩处分遗物凭据》（P.3410）中记有“长绢裈壹”、“赤黄绫夹袴两腰”，文书 P.2583 中所记“禄絁袴子一”，《后唐长兴四至五年（933—934）曹议金回向疏（四件）》（P.2704）记有“白独窠绫袴壹腰”，《癸酉年（793）二月沙州莲台寺诸家散施历状》（P.2567

背）记有“帛绫袴一”。

敦煌壁画中的贵族女供养人往往盛装打扮，长裙曳地，不能得知裙内之衣，但她们身后的侍女为方便劳作，衣服往往较短，可以看到露出衣外的两只裤管。如初唐莫高窟第 375 窟南壁下部之女供养人身后的几身侍女像，都穿着条纹裤，这种条纹裤在别处也可见到，如《步辇图》中的抬舆侍女以及唐永泰公主墓前室壁画上的几身穿袍女子所穿的也都是条纹裤。当然在这些图像中只能看到裤管，并不能确知其是袴或是裈。但在经变画中，我们偶尔也能看到几身裤子形制清楚的人物形象，如莫高窟第 196 窟西壁《劳度叉斗圣变》中的外道皈依情节，在表现外道洗头、剃度等场面时对人物的刻画角度奇特，我们可以看到这几身外道所穿的明显是合裆裤，即所谓的裈（图 7–7）。

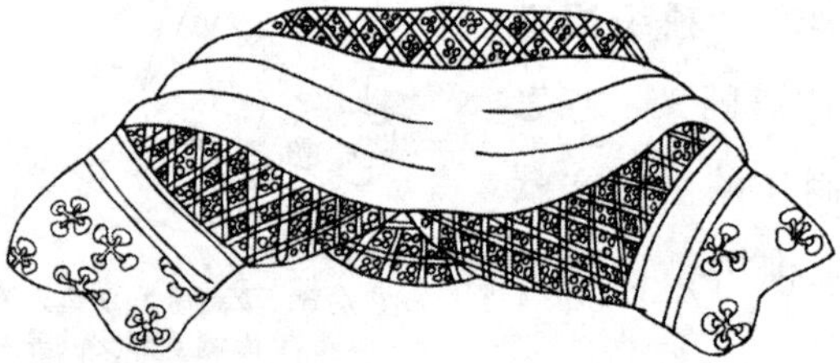

图 7–7　莫高窟第 196 窟西壁《劳度叉斗圣变》中外道所穿的合裆裤

第三节

头衣和足衣

头衣当然包括帽子，敦煌莫高窟第130窟窟前曾出土过一顶绢质的帽子，暂称为风帽，与北魏时期的风帽特别相似[①]。由于这一出土十分孤立，因而学界专家难以确认其准确的年代和属性。敦煌文书中记载的头衣，则以缠头最为常见。足衣是套在脚上的配饰，除了外穿的鞋和履外，还包括内穿的袜。

一、缠头

《癸酉年（793）二月沙州莲台寺诸家散施历状》（P.2567背）里有一条记录："朝霞锦缠头一。"所谓缠头，是指用布帛缠在额头上的装饰方式。据文献可知，缠头的作用有两种。一种是歌舞艺人将缠头作为一种装饰。《太平御览》卷八一五引《唐书》："朝恩出锦三十匹，罗五十匹，绫一百匹，为子仪缠头之费，极欢而罢。旧俗赏歌舞人，以锦彩置之头上，谓之'缠头'。宴飨加惠，借以为词。"唐白居易诗《琵琶引》："五陵年少争缠头，一曲红绡不知数。"杜甫《即事》诗："笑

① 敦煌文物研究所考古组《莫高窟发现的唐代丝织物及其它》，《文物》1972年第12期，第57页。

图 7-8　莫高窟第 156 窟南壁下部舞者

时花近眼，舞罢锦缠头。”以布帛缠头歌舞的形象在敦煌莫高窟壁画中也可以看到，如晚唐第 156 窟南壁下部的《张议潮出行图》，以及模仿此图而绘制的莫高窟第 100 窟南壁《曹议金出行图》。出行图前部的仪仗歌舞队，可看到八人分两排舞蹈，右边一排四人长袖飘飘。由于表现的是这几身舞蹈者的背面，所以可以清晰地看到他们头上的布帛在脑后打结下垂，直到小腿[①]。缠头的颜色有红绿两种（图 7-8）。

缠头在文献中所见的另一种作用是，西北古代少数民族民众所常用之装饰。唐初玄奘“至素叶水城，逢突厥叶护可汗，方事畋游，戎马甚盛。可汗身着绿绫袍，露发，以一丈许帛练裹头后垂，达官二百余人皆锦袍编发，围绕左右”[②]。叶护可汗显然以缠头进行装饰。这种突厥人的形象在吐鲁番壁画中有所表现。伯孜克里克第 16 窟坛南侧残存的供养人像，着长袍，身后垂一条长红绢，长黑发随长绢下垂。伯孜克里克第 17 窟窟门南侧内壁男供养人身穿窄袖圆领长袍，头不戴冠，黑发披肩，身后垂一条长红绢，长亦至小腿部位，但在腰部位置打了个漂亮的蝴蝶结以作装饰（图 7-9）。伯孜克里克石窟第 16、17 窟是相邻的两个窟，窟形特征相同，是同时期所建。据考证，唐时期西州境内定居着从事农业生产的突厥部落。碳-14 测定结果表明，第 16 窟的年代为公元 830—870

---

① 《中国石窟·敦煌莫高窟》（四）中的图注认为是一行女舞伎，头梳双髻，额束缯帛，长巾后垂。

② （唐）慧立、彦悰撰，孙毓棠、谢方点校《大慈恩寺三藏法师传》，中华书局，2000 年，第 187 页。

年，第16、17窟应是西州时期（7世纪中叶至9世纪中叶）这些突厥部落的贵族们修建的[①]。

图7–9 伯孜克里克第17窟窟门南侧内壁男供养人

除了突厥人喜欢用缠头作装饰外，回鹘人，无论是在与唐政府关系密切活跃于漠北被称为回纥之时期，还是改名回鹘后在五代宋时长期活跃于敦煌吐鲁番地区之时期，缠头这种装饰也都可以见于其相关记载。《旧唐书·回纥传》中描写了唐大将郭子仪单骑见回纥之情节：“子仪命酒与之饮，赠之缠头彩三千匹。”同时又记回纥“首领等分缠头彩以赏巫师”。到宋代，孟元老在《东京梦华录》卷六中记载：“正旦大朝会，……回纥皆长髯高鼻，以匹帛缠头，散披其服。”在敦煌壁画以及吐鲁番壁画中都比较常见的一类回鹘贵族女供养人就有缠头之装饰，这类女供养人戴桃形冠，穿窄袖长袍，脑后垂红绢，长至小腿，在腰部打蝴蝶结以作装饰，装饰方式与伯孜克里克第16、17窟中的突厥男供养人脑后的红绢颇似。这类回鹘女供养人后垂的红绢应该也是缠头的一种装饰方式。

莫高窟第98窟东壁南侧，于阗国王供养像，头戴冠，后垂红色布帛，蝴蝶结系在脑后，但长度较短，只至后背，尚不及腰。李圣天是由五代后晋高祖石敬瑭在天福三年（938）册封为于阗国王的。当时的册封使高居诲称“圣天衣冠如中原，其殿皆东向，曰金册殿”[②]，衣冠如中原，也许就是这脑后之布帛还保留了一点点的民族特色。

由文书P.2567记载的“朝霞锦缠头一”可知，此缠头由锦制成，其色彩图案既如朝霞绚丽夺目，且以红色为主。这一点与壁画中人物的

① 柳洪亮《高昌石窟概述》，《中国新疆壁画全集》六《吐峪沟 柏孜克里克》，辽宁美术出版社，1995年，第10页。

② （宋）欧阳修《新五代史》卷七四《四夷附录》，中华书局，1974年，第918页。

缠头以红色为主的形象也可相互印证。关于其用途到底属于舞者的装饰还是日常穿戴之所用，根据文书，其前后所列都是日常用服“緤缬衫子一，朝霞锦缠头一，红绢衫子偏衫一”，所以此缠头是人们日常穿戴用的可能性比较大。

由于此件文书是沙州莲台寺诸家散施历状，只有物品名称，并没有“散施”人之名,故无从知晓此缠头所有者的身份。由于敦煌地处西北,散施者可能是受少数民族服饰影响的汉人,也有可能就是当地的少数民族民众。

二、鞋、履和袜

在敦煌地区，鞋和袜也有不少用丝绸制成的，当然也有麻鞋、皮鞋等。

敦煌文书中记录的丝绸质的鞋有履：“紫绫履壹量”（P.3410）；鞋：“绣鞋壹两”（S.86）、“法律德荣唱紫罗鞋两，得布伍佰捌拾尺”《年代不明法律德荣等唱卖倸施得布支给历稿》（北图 364：8444 号背）、“苏家永富白鞋壹两”（S.4445）；靴：“靴一量”（北图 372）。

除了用丝绸制作外，鞋的制作也有用麻及毡的，如《吐蕃占领敦煌时期斋倸历》（P.1261）中所记的“僧法圆斋倸麻履一量，麻靴三石八斗，施毡履一量”，P.2567 中所记的“麻履一量”。

皮鞋的记载见于《癸未年（923 或 983）樊再昇雇工契（抄）》S.6452IV 中记录的“皮鞋壹两”。皮鞋的耐穿性应该好于丝和麻质的鞋子，这可能是为了保证雇工劳动的实际需要。

敦煌壁画中的供养人像多被绘在壁画底层，其下部比较漫漶，保存完好的也因为被所穿衣服遮盖，难以见到其鞋履的样式，故而难以与敦煌文书中之所记相对照。

在敦煌文书中，也有几条袜的记载。如 P.3410 中记有“白绫袜壹量”，P.2583 中记有“白绣袜一量”，《辰年支刚刚等施入疏（十四件）》（P.2837 背）中记有“白绫头肃（绣）袜一量”，北图 364:8444 背记有“法律道英唱白绫袜得布叁伯尺”，P.2567 中记有“帛绫长袜一并兰□”。

第四节

服饰的配套

人们在穿着服饰时都有一定的规律，多半都是配套搭配的。特别是在一些专门的场合，这种搭配已成为礼仪的一个方面。我们可以举几个例子来说明当时敦煌服饰在人们穿着时的搭配情况。

一、曹氏家族的服饰

《后唐长兴四至五年(933—934)曹议金回向疏（四件）》(P.2704）记录的是曹议金所施舍的物品。曹议金作为当时沙州的统治者，其服饰又与其他人有所不同，现列举以下两组：

第一组：紫盘龙绫袄子壹领，红官锦暖子壹领，大紫绫半臂壹领，白独窠绫袴壹腰。

第四组：紫花罗衫壹领，紫锦暖子壹领，紫绫半臂壹领，白独窠绫袴壹腰。

后唐同光二年（924）曹议金正式就任归义军节度使。此后，曹氏政权控制河西中西交通咽喉之地达一百多年之久。曹议金把佛教视为“圣力”，礼佛甚盛，开凿了许多规模巨大的洞窟，并重修了许多前代所建之洞窟。其中莫高窟第 98 窟就是曹议金的功德窟，第 61 窟绘有曹议金夫人的画像，第 100 窟绘有曹议金与回鹘公主出行图。

从上述文书中记录的曹议金所施的服装中，我们可以发现这些服装无一例外都是丝绸，所列出的丝绸纹样显示了作为实际的地方统治者身份的尊贵。虽然在敦煌壁画中曹氏家族的男供养人形象比较程式化：硬脚幞头、红色襕袍、革带、乌靴、搢笏，是汉族臣子的形象。但在文书P.2704中我们可以发现曹氏日常穿着的其他服装形式，以及鲜明的服装纹样，其所列出的“紫盘龙绫”和“白独窠绫”鲜见于其他文书。以盘龙作服饰纹样，这在敦煌壁画的人物形象中并不多见，比较显明的例子是莫高窟第409窟东壁南侧的回鹘可汗供养人像，其身着黑色盘龙纹长袍。普通百姓自然也不可能以此作为服饰纹样。所谓白独窠绫袴中的独窠，应该是指面料上窠的尺寸较大。从敦煌出土的相近时代的织物残片看，以团窠作纹样的极多，种类也不局限于绫，如大英博物馆藏唐代敦煌纺织品朵花团窠对雁夹缬绢MAS.876、维多利亚阿伯特博物馆藏敦煌纺织品蓝地团窠鹰纹锦L:S.331:2等。虽然如此，相似的服饰名称在其他敦煌文书中并没有出现。

二、军人服饰

敦煌文献中记录军队服装的文书主要有两件，分别为《唐天宝九载十载兵士衣服支给簿》（S.964）和《唐天宝年代豆卢军防人衣服点检历》（P.3274）。文书S.964中的第一个人名下的服装有：

天九，春：蜀衫壹、汗衫壹、裈壹、袴奴壹、半臂壹、襆头、鞋、袜各壹；冬：长袖壹、绵袴壹、襆头、鞋、袜各壹。

天十，春：蜀衫壹、汗衫壹、裈壹、袴奴壹、长袖壹、襆头、鞋、袜各壹；冬：袄子壹、绵袴壹、襆头、鞋、袜各壹、被袋壹。

每个人人名下的服装种类基本相同。

文书P.3274中的“都万贞”名下的服装有：

袄子贰、长袖贰、半臂贰、複袴贰、蜀衫叁、汗衫叁、单袴叁、袴奴叁、裈叁、襆头柒、鞋柒、鞢柒、被袋一。

这些服饰名称基本成定式地重复出现在这两件文书中，说明当时军人的军装配置是十分明确的。在这些服饰中，绵袴是夹了丝绵的袴子，幞头应该也使用了丝绸。其他的记录因为只有名称，没有关于材质方面的记录，故我们无法判断其是否为丝绸制品。

三、女性服饰

裙衫也许是当时最为典型的女性服饰搭配，敦煌文书中多处记录了“裙衫一对”。如《申年比丘尼修德等施舍疏（十三件）》（P.2583）记录的第三件和第七件为“官绝裙衫一对”、“黄绢裙衫一对”，《年代未详沙州僧崇恩处分遗物凭据》（P.3410）中记有“紫绫夹裙衫壹对”、“京褐夹绫裙衫壹对”。鉴于在同一文书以及其他文书中还有大量的单独的裙或者衫子的名称，如 P.2583 中还记有“紫绢衫子一”、“绢裙一腰”，因此所谓“裙衫一对”应该不是简单地将不同的裙和衫放在一起计数，而是一套裙衫的意思，就如现代的女性套装。

第八章

敦煌丝绸的东西往来

敦煌是丝绸之路上的一个要塞，在敦煌市场上可以看到的丝绸，不仅有从中国内地过来的，也有从中亚、西亚过来的。可以想象，来自东西方的不同的商人络绎来到这里，在敦煌专门的集市中摆开了他们从远方带来的各种商品，其中必定会有数量颇多的丝绸。今天保存下来的敦煌丝绸之中，也一定有着来自不同地区生产的丝绸，它们之间不仅有花色品种上的不同，也会有品质和材料上的高低。所以在市场上，它们的价格也一定是不同的。要知道这些丝绸的来历，我们需要做大量的研究：一是从敦煌发现的文书出发知道有哪些地区向敦煌送来了丝绸；二是从敦煌出土的丝绸实物来分析它们是从哪里来的。

第一节

吴绫、越罗和河南絁

在唐代，中国内地的丝绸生产区域主要有三个：一是以黄河流域为主的华北平原，主要集中在黄河中下游的两岸，在当时属河南道和河北道，在今天则属河南、河北、山东、山西的部分区域；二是长江中下游的两浙地区，即今天的江苏、浙江两省，这一地区的丝绸业特别是在唐代中晚期得到了长足的发展，占有越来越重要的地位；三是四川巴蜀地区。敦煌市场上的中国内地丝绸，主要应该来自前两个地区。

一、河南绢絁

敦煌当时除一般百姓和僧人之外，还驻有唐朝的边防军，称为豆卢军。这支部队经常要到敦煌城里采购物品，他们用的货币往往也是来自中原的丝绸，有时采购的货物中也有来自别的地方的丝绸。有趣的是当年豆卢军在敦煌（当时也称沙州）的采购清单被人们发现了①：

□□廿日

合当军天宝四载和籴，准　旨支贰万段出武

① P.3348（背）《唐天宝四载（745）河西豆卢军和籴会计牒》。

威郡，准估折请得絁绢练绵等惣壹万
肆阡陆伯柒拾捌屯匹叁文伍尺肆寸壹拾铢：
伍阡陆伯匹大生绢，
伍伯伍拾匹河南府絁，
贰伯柒拾匹缦绯，
贰伯柒拾匹缦绿，
壹阡玖伯贰拾柒屯壹拾铢大绵，
壹阡柒伯匹陕郡絁，
肆阡叁伯陆拾壹匹叁文伍尺肆寸大[练]。
柒阡壹拾柒屯匹壹拾铢行纲燉煌郡
参军武少鸾天宝三载十
月十二日充 旨支四载和
籴壹万段数。其物并给百
姓等和籴直，破用并尽。
伍阡陆伯匹大生绢，匹估四百六十五文，计
贰阡陆伯肆贯文；
伍伯伍拾匹河南府絁，匹估六百廿文，
计叁伯肆拾壹贯文；
贰伯柒拾匹缦绯，匹估五百五十文，
计壹伯肆拾捌贯伍百文；
贰伯柒拾匹缦绿，匹估四百六十文，
计壹伯贰拾肆贯贰伯文；
叁伯贰拾柒屯壹拾铢大绵，屯估一百五拾文，
计肆拾玖贯伍拾文。
以前四段，准估都计当钱叁阡贰伯陆
拾陆贯柒伯伍拾玖文，计籴得斛㪷
壹万壹伯壹拾伍硕陆㪷玖胜壹合。

其斛㐂收附，去载冬季军仓载支
粮帐，经支度勾，并牒上金部比部
度支讫。

上述清单提到了各种丝绸在敦煌市场上的折价，而且这些丝绸在新疆吐鲁番的市场上也能找到。其中不少丝绸前带了内地的地名，说明这些丝绸明显是从这些地方来的。我们整理出一张表来，可以看到其中有来自河南府、陕郡的丝绸价格。还有一份是当时敦煌驻军的会计账，其中提到了陈留郡大绢，也是一例①。

表 8-1　天宝年间敦煌、交河两地丝绸价格比较

敦煌品名	敦煌地单价（文/匹）	交河地单价（文/匹）			交河品名
		上	中	下	
河南府絁	620	650	640	630	河南府生絁
大生绢	465	470	460	450	生绢
缦绯	550	500	490	480	缦绯
缦绿	460	560	550	540	缦绿
陕郡熟絁	600	630	620	610	蒲陕州絁
大练	460	470	460	450	大练

河南府相当于今天的河南洛阳；陕郡又称陕州，相当于今天的河南陕县，距三门峡市不远；陈留在今开封市陈留镇。这三地在唐代均属于河南道。《新唐书》卷三八《地理志》二载："河南道，盖古豫、兖、青、徐之域，汉河南、弘农、颍川、汝南、陈留、沛、泰山、济阴、济南、东莱、齐、山阳、东海、琅邪、北海、千乘、东郡，及梁、楚、

① P.3359、P.3664《唐天宝十三载（754）敦煌郡会计牒》。

鲁、东平、城阳、淮阳、菑川、高密、泗水等国，暨平原、渤海、九江之境。洛、陕负河而北，为实沈分；负河而南，虢、汝、许及新郑之地，为鹑火分；郑、汴、陈、蔡、颍，为寿星分；宋、亳、徐、宿、郓、曹、濮为大火分；兖、海、沂、泗为降娄分；青、淄、密、登、莱、齐、棣为玄枵分；滑为娵訾分；濠为星纪分。为府一，州二十九，县百九十六。其名山：三崤、少室、砥柱、蒙、峄、嵩高、泰岳。其大川：伊、洛、汝、颍、沂、泗、淮、济。厥赋：绢、绝、绵、布。厥贡：丝布、葛、席、埏埴盎缶。”①这里已经提到河南道所产的绢和绝。

绢和绝在唐代均用于庸调，绢是一般的织物，而绝是与绫、绢可以互换的一种织物，它的特点是纬线有粗有细，最后形成纬向的横条。在敦煌藏经洞出土的实物中，有大量的绢织物，但只有一件可以十分明确地判断为绝，即大英博物馆收藏的红绝残片（MAS.951）。

二、吴绫越产

唐代的另一个重要的丝绸产地是江南地区，这一地区在初唐并不十分重要，但到了安史之乱后，其重要性才日益凸显出来，此时唐王朝对于东南地区的依赖也变得越来越重。天下财赋，首于东南，浙东“机杼耕稼，提封七州，其间茧税鱼盐衣食半天下”②。敦煌文献中也有三次明确提到了长江中下游地区生产的绫织物。

一是《唐咸通十四年（873）正月四日沙州某寺交割常住物等点检历》（P.2613）中提到了吴绫，“青吴绫裙，长贰丈叁尺伍寸”，“白绫者舌肆拾枚，每面杂色柱子拾枚。又青吴绫壹”。

二是在藏经洞的西壁壁龛内，原嵌有石碑一块，即唐大中五年

① （宋）欧阳修、宋祁等《新唐书》卷三八《地理志》二，中华书局，1975年，第981页。

② 杜牧《授李讷浙东观察使兼御史大夫制》，（宋）李昉等编《文苑英华》卷四〇八，中华书局，1966年，第2071页。

(851) 的《洪䛒告身敕牒碑》，碑中也提到了吴绫。洪䛒是佛教界的真实历史人物。唐代中叶，在吐蕃统治敦煌时期，他曾担任沙州释门都法律兼摄行教授，由于在张议潮收复敦煌的战争中有功，被唐王朝封为释门河西都僧统摄沙州僧政法律三学教主，并赐紫（高僧的特殊荣誉），授"京城内外临坛大德"之称号。在藏经洞发现的这块石碑的碑文最后处，记有：

> 大德河西都僧统赐紫僧洪䛒物四十匹、锦二匹、色吴绫二匹、色小绫……色绢八……杂……

吴绫之名无疑源自吴地。吴地主要是指江浙两省交界处的沿太湖一带的地区，如江苏苏州和浙江吴兴等地，吴绫顾名思义也应该是指在这里生产的绫织物。但从史料来看，吴绫的产地并不仅限于吴地，而是两浙地区所有的产丝之处。早在盛唐天宝初年，水陆运使韦坚在广运潭中安置了小斛舟三百艘，每舟署某郡并以所产暴陈其上，其中广陵郡（今江苏扬州）为锦、官端绫绣；会稽郡（今浙江绍兴）为罗、吴绫、绛纱；吴郡（今江苏苏州）为方文绫，还有丹阳郡（今江苏南京）的京口绫和晋陵郡（今江苏常州）的绫绣。这些东南的名牌产品在京城引起了轰动，得到了玄宗的赞赏[①]，这里的吴绫就来自绍兴。唐朝中后期，南方的丝织业得到了更大的发展，丝绸产品的花色、品种、质量亦同样得到提高，其在全国的知名度也变得越来越高。还是以两浙地区为例，浙东观察使坐镇的越州在唐前期仅上贡少量丝织品，但自贞元以后，在常贡之外又另加"异文吴绫及花鼓歇单纱、吴绫、吴朱纱等纤丽之物数十品"[②]，种类大增。《新唐书》卷四五《地理志》载："明州余姚郡，

---

① （后晋）刘昫等《旧唐书》卷一〇五《韦坚传》，中华书局，1975 年，第 3222 页。

② （唐）李吉甫《元和郡县图志》（下）卷二六《江南道》二，中华书局，2005 年，第 618 页。

上。开元二十六年，采访使齐浣奏以越州之鄮县置，以境有四明山为名。土贡：吴绫、交梭绫、海味、署预、附子。”由此来看，从盛唐开始到中晚唐，吴绫的主要产区应该是在浙江一带。

唐代后期有不少诗人都对东南地区的丝织特产交口称赞，均反映出东南丝绸在人们心目中的地位较唐前期有明显提高。其中僧齐己的《读李贺歌集》称：

清晨醉起临春台，吴绫蜀锦胸襟开。
狂多两手掀蓬莱，珊瑚掇尽空土堆①。

齐己在另一首《谢人惠十色花笺并棋子》中也提到了吴绫：

陵州棋子浣花笺，深愧携来自锦川。
海蚌琢成星落落，吴绫隐出雁翩翩②。

韩偓的《意绪》中也提到了吴绫：

脸粉难匀蜀酒浓，口脂易印吴绫薄。
娇娆意态不胜羞，愿倚郎肩永相著③。

直到五代，后唐李煜写的《鹧鸪天》中，也有关于吴绫越罗的记载：

节候虽佳景渐阑，吴绫已暖越罗寒。
朱扉日暮无风掩，一树藤花独自看。

---

①（清）彭定求等《全唐诗》卷八四七《读李贺歌集》上海古籍出版社，1986年，第2078页。
②（清）彭定求等《全唐诗》卷八四四《谢人惠十色花笺并棋子》，第2070页。
③（清）彭定求等《全唐诗》卷六八三《意绪》，第1720页。

《宋史》卷三《太祖本纪》：建隆三年（962），“钱俶进贺平升州银、绢、乳香、吴绫、细绵、钱茶、犀象、香药，皆亿万计”[①]。这里的吴绫，显然应该是当时浙江一带生产的。

唐代晚期还有一类绫织物被称为“缭绫”，应该也是吴绫中的一种，而且是吴绫中较好的一种。敦煌文献中也出现了缭绫的名称，不过这是当时人们抄写白居易的《缭绫》诗时出现的，抄写者把缭绫抄成了“撩绫”。这虽然不能直接证明现实中缭绫在敦煌的存在和使用，但起码也说明浙江的缭绫之名已经传到了敦煌。《缭绫》原诗如下：

缭绫缭绫何所似，不似罗绡与纨绮。
应似天台山上月明前，四十五尺瀑布泉。
中有文章又奇绝，地铺白烟花簇雪。
织者何人衣者谁，越溪寒女汉宫姬。
去年中使宣口敕，天上取样人间织。
织为云外秋雁行，染作江南春水色。
广裁衫袖长制裙，金斗熨波刀剪纹。
异彩奇文相隐映，转侧看花花不定。
昭阳舞人恩正深，春衣一对值千金。
汗沾粉污不再著，曳土踏泥无惜心。
缭绫织成费功绩，莫比寻常缯与帛。
丝细缲多女手疼，扎扎千声不盈尺。
昭阳殿里歌舞人，若见织时应也惜[②]。

吴绫因为是一种品名，可以有各种纹样，我们相信在敦煌发

① （元）脱脱等《宋史》卷三《太祖本纪》，中华书局，1977 年，第 46 页。
② （清）彭定求等《全唐诗》卷四二七《缭绫》，第 1048 页。

现的绫织物中有相当一部分应该属于吴绫，但无法明确地证明。不过，在藏经洞发现的织物中有一种柿蒂花纹者，正好与白居易《杭州春望》诗中的描写相对应，诗中云：

红袖织绫夸柿蒂，青旗沽酒趁梨花①。

相比之下，我们可以推测这种柿蒂花纹的绫很有可能来自当时的余杭郡（今浙江杭州）。此外，敦煌莫高窟南区第130窟中也发现了类似的织物，如K130:14的绮、绢幡，其中的黄色和绿色两段都是四瓣小花，可以归入柿蒂纹绫之类(图8-1)。

图8-1 莫高窟第130窟出土幡上的柿蒂绫

三、越罗与蜀罗

事实上，很有可能敦煌发现的罗织物也是来自越州。敦煌发现的罗织物共有两类：一类是传统的四经绞罗；另一类是新型的单丝罗，后来的名称是亮地纱。

越罗早在唐初就非常有名。杜甫《白丝行》中提到“越罗蜀锦金粟尺”②，诗中已将越罗与当时最负盛名的蜀锦相提并论，但就其总体水平来说还是不如黄河流域和巴蜀地区之所产。但到晚唐时期，越罗的织造水平已有了很大提高，成为当时人们首选的罗织物，“舞衣偏尚越罗轻”等诗句都说明了这一点。③

---

① （清）彭定求等《全唐诗》卷四四三《杭州春望》，第1107页。

② （清）彭定求等《全唐诗》卷二一六《白丝行》，第510页。

③ 刘禹锡《酬乐天衫酒见寄》，（清）彭定求《全唐诗》卷三六〇，第901页。

从杭州雷峰塔地宫出土的越罗来看，它采用的是典型的四经绞罗，因此，我们可以推测，在敦煌发现的四经绞罗实物，如蓝色菱纹罗(L:S.525)、绿色菱点纹罗幡脚残片（MAS.953)、灰蓝色暗花罗残片(L:S.655)、红色暗花罗（MAS.954）等，其中一部分很有可能就是来自江南地区。

藏经洞所出的纱罗织物中还有一类是有固定绞组纱罗组织的单丝罗，或称亮地纱，如紫色联珠方格卍字纹纱（L:S.224)、紫色方格卍字纹纱（MAS.902)、紫色如意团花卍字纹纱（MAS.903)、紫色几何纹纱(MAS.900）等。从技术上看，这种纱的地部由绞经和地经对称绞织而成，其花部则由绞经经浮产生，属于简单纱罗一类。简单纱罗自唐代晚期开始出现，藏经洞发现的大部分纱织物属此类，在当时也被称为“单丝罗”。四川是唐代重要的丝绸产地，《新唐书·地理志》记载的四川地区的贡品就包括“单丝罗”和“段罗”等[1]。晚唐诗人王建在《织锦曲》中写道：“锦江水涸贡转多，宫中尽著单丝罗”[2]，说明单丝罗是四川的产品并作为贡品进贡长安。因此，敦煌发现的单丝罗或是暗花纱也极有可能是蜀地所产。

---

① (宋) 欧阳修、宋祁等《新唐书》卷四二《地理志》六，第1079—1080页。

② (清) 彭定求等《全唐诗》卷二九八，上海古籍出版社，1986年，第750页。

第二节

番锦和胡锦

早在魏晋时期，丝绸的生产技术已经为丝绸之路沿途的不少国家和地区的人民所掌握，中亚、西亚各地均开始生产丝绸织物，其中特别有名的有波斯锦和粟特锦。这类织锦也肯定在敦煌所藏的织物中存在，但具体的名称在敦煌文书中则被称为番锦或胡锦。

一、胡锦

唐代前后，人们把中国以西地区的人统称为胡人，他们用的或是带来的东西也以胡为名，如胡马、胡笳、胡琴。目前已知敦煌文书中也出现了三处关于“胡锦”的记载：

《辛未年（971?）三月八日沈家纳赠历》（P.4975背）中提及：

> 主人碧绢一匹，绿绢一匹，车影锦一匹，胡锦一匹，非（绯）绫一匹，甲颉（缬）一段，黄画被子两条[①]。

---

① 宁可、郝春文《敦煌社邑文书辑校》，江苏古籍出版社，1997年，第427页。姜伯勤《敦煌吐鲁番文书与丝绸之路》（文物出版社，1994年）对于敦煌文书中胡锦和番锦的其他记载均原载唐耕耦、陆宏基编《敦煌社会经济文献真迹释录》（全国图书馆文献缩微复制中心，1990年），但文书名与姜伯勤书中所引有出入。

《庚子年(公元940或1000)后某寺交割常住什物点检历》(S.4215)中提及：

小胡锦褥子壹。

《庚子年（公元940或1000）后某寺交割常住什物点检历》(P.4908) 中提及：

又李都头施入圣僧小胡锦褥子壹。

这里可以看出，敦煌当地曾用胡锦来作为礼品赠送朋友，一般是用其来制作褥子的。姜伯勤在研究丝绸之路时以王国维的《西胡考》为依据，认为“胡即西胡，西胡中包括了高昌以西的各伊兰语民族之民众，如于阗人、粟特人、波斯人等，也包括了远在佛菻的拜占庭人（罗马人和叙利亚人)”。所以，这些胡锦当出自这些西胡人之手[①]。

胡锦的名称在唐宋时期出现得较多，除敦煌文书之外，正史上也可以经常看到。但敦煌文书中还有一种锦被称为番锦，从字面看，与胡锦的意思相近，但二者的规格是不同的。

中原地区的织锦自古以来就采用匹的规格，至唐未变。根据《通典》卷六注文：“准令，布帛皆阔尺八寸、长四丈为匹”[②]，唐尺1尺约为30cm计，其幅宽一般在50cm上下。敦煌文书中也记载了大量有着具体幅宽的绢织物，其尺寸大多为1尺8寸至2尺，折算后也是50—60cm[③]。检查了出土的实物后我们发现，唐代初期的经锦幅宽大多是在50cm左右，与文献中的匹相一致。后来中原虽然也织造纬锦，但中原纬锦一

① 姜伯勤《敦煌吐鲁番文书与丝绸之路》，文物出版社，1994年，第207页。
② （唐）杜佑《通典》，浙江古籍出版社，2007年，第33页。
③ 王进玉《敦煌遗书中的丝织物》，《丝绸史研究》1987年第1—2期合刊，第19—27页。

般的门幅只是略宽于经锦，以唐代晚期至辽代十分重要的雁衔绶带锦而言，它的门幅在 70—80cm[①]。即使是要织特别宽的大张锦时，虽然其幅宽也很宽[②]，约 100cm，但织物的长度很长，此时还是可以将其称为“匹”。

关于敦煌文书中胡锦的规格，《辛未年三月八日沈家纳赠历》(P.4972 背) 中提到了“胡锦一匹”，这里的胡锦明确用匹作单位，说明这种胡锦的规格与中原生产的织物相同，很有可能就是在中原地区或是在与中原地区有着密切联系的地方生产的织锦。《册府元龟·帝王部》载后唐庄宗同光四年 (926)，沙州节度使曹议金进“胡锦”。《宋史·于阗传》载宋建隆二年 (961) 于阗贡胡锦。《宋会要辑稿》载熙宁十年 (1077) 于阗有胡锦。这说明，胡锦很有可能就是在于阗生产的。另外两件《庚子年后某寺交割常住什物点检历》（S.4215、P.4908）中提到的是“小胡锦褥子”，这里的“小”可以有两种解释：一是指用胡锦制的小褥子；另一是指用小胡锦制的褥子。如采用后一说，则既然称为小胡锦，估计其幅宽也不会很宽。所以，胡锦可能是指在新疆一带生产的、与中原织锦规格和风格较为接近的织锦。

二、番锦

番的地区概念与胡也很难区分，但在敦煌文书中，番锦的出现频率远高于胡锦，而且，番锦的规格也与胡锦不同。

《唐咸通十四年 (873) 正月四日沙州某寺交割常住物等点检历》(P.2613) 载：

番锦腰杂汉锦夹缬者舌。

大红番锦伞壹，新，长丈五尺，阔一丈，心内花两窠，又，一张内

① 赵丰《雁衔绶带锦袍研究》，《文物》2002 年第 4 期，第 73—80 页。

② 见唐代宗的《禁断织造淫巧诏》和《新唐书·地理志》扬州贡物。

每案各师子贰，四缘红番锦，五色鸟玖拾陆。

吐蕃占领时期的《龙兴寺卿赵石老脚下依蕃籍所附佛像供养具并经目录等数点检历》（P.3432）载：

阿难裙，杂锦绣并杂绢补方，并贴金花庄严，番锦缘，及锦绢沥水，阔两箭，贰。

《什物点检历》（S.6276）中也提及：

大红锦伞壹，番锦缘绿绫裙并□紫丝网上有金渡含口铜铃紫□拾柒，铜火镜紫大小肆。

可以看到，番锦的规格称为“张”。这种规格我们曾在吐鲁番文书中找到过它的具体尺寸。哈喇和卓 88 号墓中出土的《北凉承平五年道人法安弟阿奴举锦券》[①]提到过丘慈中锦一张，其长度为 9 尺 5 寸，幅宽为 4 尺 5 寸，折成今天的尺寸长为 275.5cm，宽为 130.5cm[②]。而另一件出自哈喇和卓 99 号墓的文书《义熙五年（409）道人弘度举锦券》中所提及的西向白地锦[③]，其半张的尺寸为“长 4 尺、广 4 尺”，也就是说一张的长为232cm，宽为 116cm，总之，这种以张为单位的织锦幅宽在 1m 以上，长度可达 2m 以上[④]。

敦煌文献中提到的番锦以“张”为单位，这与我们发现的粟特锦等

---

① 唐长孺主编《吐鲁番出土文书》（一），文物出版社，1992 年，第 89 页。

② 北凉时期，一尺≈29cm。参见国家计量总局《中国古代度量衡图集》，文物出版社，1981 年。

③ 唐长孺主编《吐鲁番出土文书》（一），第 95 页。

④ 赵丰《唐代丝绸与丝绸之路》，三秦出版社，1992 年，第 96 页。

中亚系统织锦之单位非常接近。如《唐咸通十四年正月四日沙州某寺交割常住物等点检历》（P. 2613）提到的番锦有“一张内每窠各师子贰”。

敦煌文书还提到一些织锦以“张”作单位的，虽然没有说它是番锦，但也与以张作单位的中亚系统织锦相一致，应该可以视作番锦。如《龙兴寺卿赵石老脚下依蕃籍所附佛像供养具并经目录等数点检历》(P.3432)：

拾捌窠锦□一张。

《年代未详沙州僧崇恩处分遗物凭据》（P.3410）：

将八窠上锦一张，施入都司。

这两件以窠为图案并以张为单位的织锦，虽然文中没有提及织锦的题材，但我们知道它们也应该是中亚风格的织锦，属于番锦之列。而且前者的图案排列应该是纬向 3 窠、经向 6 窠，共有 18 窠，后者则是纬向 2 窠、经向 4 窠，共有 8 窠，两者的经纬团窠数量之比都是 2:1，正与当时张的规格相吻合。

敦煌文书中记载最为明确的番锦用途是作大红番锦伞的伞盖，包括伞盖的中心部分和四周边缘，如《唐咸通十四年（873）正月四日沙州某寺交割常住物等点检历》（P.2613）提到的大红番锦伞，据此，我们基本可以进行结构性的复原研究。文书中关于整件锦伞的原文如下：

大红番锦伞壹，新，长丈伍尺，阔壹丈，心内花两窠。又，壹张内每窠各师子贰，四缘红番锦，伍色鸟玖拾陆。

青吴绫裙，长贰丈叁尺伍寸。红锦腰，阔肆寸，青夹缬里。每面杂色柱子肆拾枚，阔肆寸，长壹尺伍寸。贰色绢带肆拾只，白绫者舌肆拾枚，每面杂色柱子拾枚。

显然，这是一件长方形的锦伞。伞盖是它的顶，其主要织物面料在中心是“心内花两窠，又壹张内每窠各师子贰”。我们认为，这里的“心内花两窠”就是指每张锦内的两窠狮子，四周则用大红地的团窠五色鸟锦作边。伞的四周垂有很长的用吴绫做的伞裙，裙的上部是用红锦做面、青缬为里的裙腰，裙外还装饰了杂色柱子和者舌。根据文中所记载的尺寸，并按1尺合30cm计，我们可以得出这一锦伞的总尺寸约为长450cm，宽300cm，高705cm。

根据文献，并对照青海同一时期出土的织物，我们尝试了以番锦制成的伞盖复原，最后的结果是：

伞盖的中间是一块红地大窠对狮纹锦，四周是两圈红地中窠五色鸟纹锦。外圈的鸟数应该比内圈的鸟多8只，即外圈应为52只鸟，内圈应为44只鸟。五色鸟纹采用的是一窠独鸟式，外圈的长边和短边团窠数分别应为16窠和10窠左右，内圈的长边和短边团窠分别应为14窠和8窠。每一团窠的纬向循环应该近30cm，其经向循环往往大于纬向循环，可以推测为40cm左右。这样，中间剩下的那块红地大窠狮纹锦的尺寸应在长290cm、宽140cm左右，其中是对狮纹样（图8–2）。此时，我们也可以推测出原来所耗用的织物是红地大窠对狮锦一张、红地中窠五色鸟锦四张。而这一张对狮锦中共有两窠对狮，织物规格约为宽140cm，长290cm；而每张五色鸟锦中应有

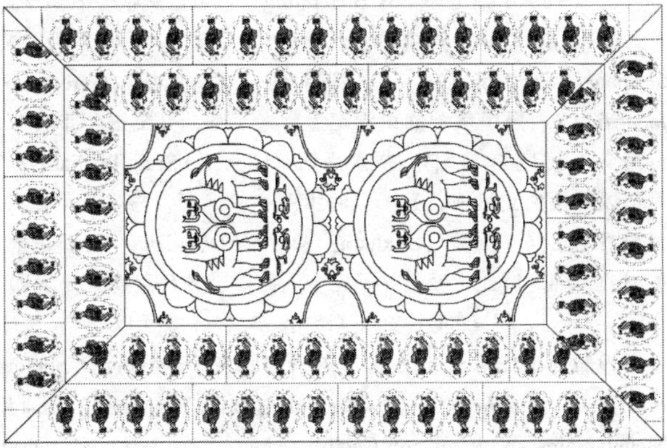

图8–2　大红番锦伞复原图方案

24 窠立鸟，属纬向 4 窠、经向 6 窠的排列，此时每张的规格约为宽120cm，长240cm。

三、沙沙那锦

敦煌文书中还有一个很难解答的织物名称是“沙沙那锦”。《宋太平兴国九年（984）十月邓家财礼目》（S.4609）中记载：

> 沙沙那锦壹张、青锦壹张、红锦两匹、绣锦壹匹、白罗壹匹、紫罗壹匹、绮正绫壹匹、楼机绫壹匹、生绢两匹、红锦被两张、非（绯）锦被壹张、紫绮褥壹面、非（绯）锦褥壹面。

这里的红锦两匹和绣锦一匹明显是中原系统的织锦，而沙沙那锦一张、青锦一张、红锦被两张和绯锦被一张，都应该是属于番锦之列。对于青锦、红锦和绯锦我们无法有更为详细的信息，但对于沙沙那锦，我们认为这也是一种以地名命名的锦。它虽然有可能是“萨珊”（Sasan）的对音，但更有可能是“赞丹那”的对音（Zandana）。赞丹那是粟特地区布哈拉北的一个城市名，历来以生产织锦著称[①]。尚刚考证，金灭辽

① 1959 年，恒宁（W.B.Henning）宣布他解读了收藏于比利时辉伊（Huy）主教堂中那件背面有题记的联珠对羊纹锦，上面的文字为粟特文，意思为“赞丹尼奇，长 61 拃……”（Long 61 spans，Zandanī Čī ……）随后他与谢菲尔德（Dorothy G. Shepherd）发表论文 *Zandanījī Identified*? 将辉伊教堂的织锦定为赞丹尼奇，并更进一步将一系列类似的织锦分别归为两类赞丹尼奇。2012 年辛姆斯·威廉姆斯（Nicholas Sims-Williams）对题记重新进行了解读，认为该题记以阿拉伯文写成，是一个物主所有权标记，与赞丹尼奇并无直接关系。虽然威廉姆斯也认为赞丹尼奇是布哈拉（Bukhara）赞丹那（Zandana）及周边地区生产的织物，但认为赞丹尼奇的材质为棉。对此，我们并不完全认同。“赞丹尼奇”一词即使没有出现在辉伊所藏的这一件联珠对羊纹锦上，但《布哈拉史》《元史》等文献依然可以证实，赞丹尼奇应该是一种丝织物，而且可能就是 9-13 世纪这一地区流行的斜纹纬锦。Dorothy G. Shepherd and W. B. Henning，*Zandanījī Identified*？*Aus der Welt der islamischen Kunst*. Festscherift Ernst Kuhnel，Berlin，1959，pp.15–40；Nicholas Sims-Williams and Geoffrey Khan，*Zandanījī Misidentified,* Bulletin of the Asia Institute (Volume 22)，pp. 207–214.

后的次年(1126)，宋朝使臣副使得到过一种称为“赞叹宁”的织物，显然就是赞丹尼奇。这种织物一直到元代在作坊中仍在生产，作坊名称就以此为名，称为“撒答剌欺”[①]。这说明，当时赞丹那的织锦确实已经十分有名。再看沙沙那锦的单位也是“张”，正是中亚织锦的规格，沙沙那锦本身也应是中亚系统的织锦。如此看来，沙沙那与 Zandana 的对音应该成立，则沙沙那锦就是中亚系统的粟特锦。

四、敦煌发现的中亚织锦

在敦煌藏经洞发现的织物中，通过对其编织技术的分析，有几种风格可以较为明确地断定其为粟特锦的类型。它们的基本技术特点是采用三枚斜纹纬重组织，经线加有强烈的 Z 捻，通常由 2—3 根线并列而成，纬线非常平直。图案通常只有纬向循环而无经向循环，图案的勾边通常以二纬二经为单位。由此,我们可以找出敦煌藏经洞中发现的属于中亚系统的织锦,共约 9 种,这里介绍其中的 5 种。

1. 团窠尖瓣对狮纹锦经帙(MAS.858)

经帙中部用纸制成，上覆以绢，角下写一“开”字，再用两条花卉纹的缂丝带装饰。经帙四周及卷首由团窠尖瓣对狮纹锦作缘，同类织锦制成的经帙在法国吉美博物馆所藏伯希和的敦煌收集品中也有一件(EO.1199)。根据这两件经帙我们可以复原它的

图 8-3　对狮纹锦图案复原

① 尚刚《撒答剌欺在中国》，中国丝绸博物馆《丝国之路——5000 年中国丝绸精品展》，2007 年，第 26—27 页。

图案，其经向循环约为32cm，纬向循环为22—23cm（图8–3，参见图1–2）。这类织锦在世界各地都有收藏，这说明它是当时十分流行的一类产品，但其中保存最为完好的应数收藏于法国Sens主教堂的对狮纹锦。该锦保存非常完好，有完整的幅边，幅宽116cm，一幅中共有4个团窠，由上至下共7个团窠，上下各有供裁剪用的界边，长8—11.5cm。以20片三角形的尖瓣组成一个团窠环，这种装饰只有在中国的西北地区看到过，主题纹样是一对有翼的狮子站立于花盘之上，团窠之外是两对兽与直立的花树。

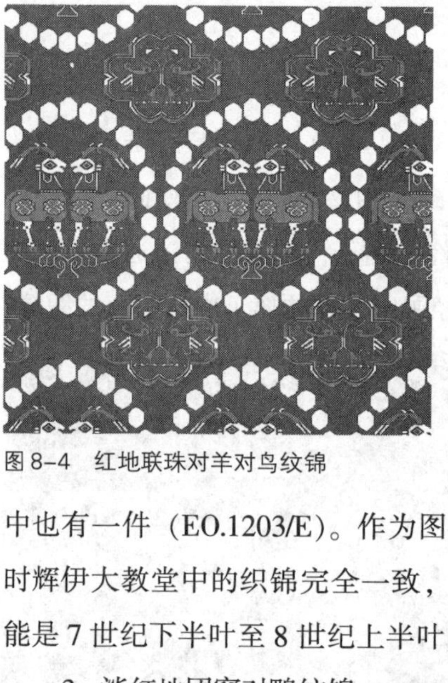

图8–4　红地联珠对羊对鸟纹锦

2. 红地联珠对羊对鸟纹锦（MAS.862、EO.1203/E）

原作幡首，其图案为红地上显绿、白、棕三色花，主花是高约21cm、宽约17.5cm的联珠团窠纹样，团窠中心棕榈花盘上有一对立野山羊，身上点缀有四瓣花卉纹样。在辅花位置则是一个椭圆形的瓣窠，窠中为对鸟图案。同样的图案在伯希和收集品中也有一件（EO.1203/E）。作为图案主题的野山羊纹样造型与收藏于比利时辉伊大教堂中的织锦完全一致，但构成团窠的是联珠圈。这件织锦有可能是7世纪下半叶至8世纪上半叶的作品（图8–4，参见图3–5）。

3. 淡红地团窠对鸭纹锦（MAS.863）

以淡红色纬线作地，其上以黄、白、绿、蓝四色纬线起花，其中蓝、绿两色纬线分区显花，织物面积较小，现仅存一团窠纹样的局部，高约11.4cm，

图8–5　淡红地团窠对鸭纹锦

宽约10.8cm，团窠环以朵花纹样装饰，中心为一对鸭，并无平台可立，圈外辅花为几何形花卉状，但已不清晰（图8–5）。

4. 红地宝花纹锦（MAS.865、L:S.642）

此类织锦的残片很多，均为斯坦因所得，现藏大英博物馆和维多利亚阿伯特博物馆。通过图案复原可以得知其为红地上以黄、绿、白、淡蓝和深蓝等色纬线织出宝花纹样（图8–6）。但从技术层面分析，这些红地宝花纹锦已属典型的中亚粟特织锦系统，应该是唐代中亚织工生产的，这可能是中亚织工对中国纹样一种不同的阐述[①]。

图8–6　红地宝花纹锦图

5. 黄地心形纹锦（MAS.922、L:S.338:1、EO.1193/C）

此类织锦有好多碎片，分别保存在大英博物馆、维多利亚阿伯特博物馆和吉美博物馆。它在黄色地上织出红色心形图案，心上点缀有四个白色的圆点，心尖位置则由亮蓝、淡粉红色、深蓝三色纬线分区织成，二二错排，图案经向循环为4.6cm，纬向循环为3.3cm（图8–7）[②]。这类图案在Toharistan的Balalitepe壁画上的人物服饰中也有出现[③]。在中亚粟特织锦的实物中，还经常可以看到用心形作团窠装饰环或是装饰带的情况。

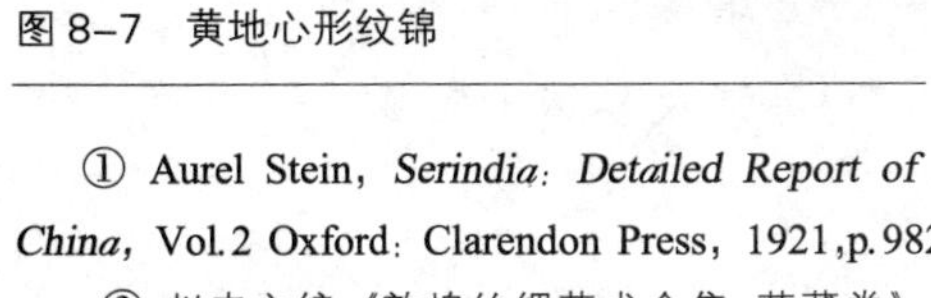

图8–7　黄地心形纹锦

① Aurel Stein, *Serindia: Detailed Report of Explorations in Central Asia and Westernmost China*, Vol.2 Oxford: Clarendon Press, 1921, p.982.

② 赵丰主编《敦煌丝绸艺术全集·英藏卷》，东华大学出版社，2007年，第133页；赵丰主编《敦煌丝绸艺术全集·法藏卷》，东华大学出版社，2010年，第176页。

③ Medinova, G., *Early medieval textiles from central Asia* (in Russian), *Dushanbe*, Donish Publishing House, 1996, fig.23.

第三节

高离锦和朝霞锦

敦煌文书中还提到高离锦和朝霞锦两种织锦的名称，这可能与来自东亚朝鲜半岛的织物有关。

《唐咸通十四年（873）正月四日沙州某寺交割常住物等点检历》（P.2613）载：

破碎高离锦幢裙子二十
故破碎高离锦经巾一

《龙兴寺卿赵石老脚下依蕃籍所附佛像供养具并经目录等数点检历》（P.3432）载：

又菩萨披，锦表，绢里，高梨锦并紫绢缘
又菩萨衣一，绫锦表，色绢里，高离锦及真珠七宝缘
高梨锦屋
高离锦屋幢一
祈高离锦表色绢里伞一
故高离锦经巾一

高离锦□（缘），方圆壹箭，故

高离锦毡衬褥二条

这里提到“高离锦”的次数特别多，其中有一次写作“高梨锦”，两者应该是同一个名称，都是高丽锦的异名。朝鲜的丝织业从三国时期开始，到唐代已有较大的发展。半岛上生产的丝织品还传到日本，在正仓院保存下来的织锦中，有一镜盒上就写着高丽锦，虽然从其织物和图案来分析，这个镜盒上的织锦应该是从中国出口经新罗到达日本的宝花锦，但日本人已把它称为高丽锦，说明当时“高丽锦”已经非常有名了。成书于11世纪的《源氏物语》中也提到了高丽锦，其第三十五章《新菜续》中描写明石夫人时就写道：“她偏斜地坐在一条青色高丽锦镶边的茵褥上，一手扶着琵琶，另一手以美妙的姿势拿着拨子，其神情之优雅，令人觉得此时无声胜有声。看到这人，好像闻到五月橘连花带实的折枝的香气。”①但“高丽锦”一名在中国正史上却不见记载，敦煌文书中的记载正好可补正史之阙。

如果说高离锦或高梨锦之名还不足以证明当时朝鲜半岛与敦煌一地的丝绸交流的话，《癸酉年（793）二月沙州莲台寺诸家散施历状》（P. 2567背）中提到的朝霞锦或可以为两地间的交流做进一步的阐释：

朝霞锦缠头一、紫锦七尺

以朝霞为名的织物多见于史料。《新唐书》中提到有汉裳蛮，“本汉人部种，在铁桥。惟以朝霞缠头，余尚同汉服”②。《旧唐书》中也提到林邑国“汉日南象林之地，在交州南千余里。……王著日毡古贝，

---

① 紫式部著，丰子恺译《源氏物语》卷三四《新菜续》，人民文学出版社，1980年。

② （宋）欧阳修、宋祁等《新唐书》卷二二二《南蛮》（上），中华书局，1975年，第6276页。

斜络膊，绕腰，上加真珠金锁，以为璎珞，卷发而戴花。夫人服朝霞古贝以为短裙，首戴金花，身饰以金锁真珠璎珞”①。这里的朝霞是一种在东南亚地区生产的产品。但同时，《大唐西域纪》中也有磔迦国（今巴基斯坦旁遮普）人穿朝霞衣的记载②。而在朝鲜的《三国史纪》中提到了真正的“朝霞锦”，有时又作“朝霞䌷”。《唐会要》载：“开元十二年。兴光遣使献果下马二匹、牛黄、人参、头发、朝霞䌷、鱼牙䌷、镂鹰铃、海豹皮、金银等”③。同样的事在《三国史纪》卷八的《新罗本纪》中也有记载。查朝鲜史料，朝霞䌷的确是当地的产品，新罗时期有专门的官营作坊，其中与丝绸生产相关的作坊分工极细，有染宫、红典、苏芳典、攒染典、漂典、锦典、绮典、机概典、针房，而排在第一的就是朝霞房④。这里的朝霞房就是生产朝霞䌷或朝霞锦的作坊，朝霞锦和朝霞䌷的名称说明这种朝霞织物的风格介于织锦和织䌷之间，而专门的朝霞房则说明了它的生产工艺也有着独到之处。

关于朝霞锦，不少日本学者对此也有研究。太田英藏曾将它与日本正仓院收藏的太子间道（也有定名为“广东裂”的）相关，东野治之在其《朝霞锦考》⑤中也持同一观点，认为朝霞锦就是扎经染色织物，可能产于新罗，但应该是受到了南海一带的织物的影响。

因此，我们推测，这种朝霞锦很有可能就是一种扎经染色织物，其色彩多为红色，犹如云霞绚烂。这种织物在日本正仓院保存的实物中多称为“广东裂”或“秘锦”，在青海都兰吐蕃墓中也有类似的出土物发现。

---

① （后晋）刘昫等《旧唐书》卷一九七《南蛮、西南蛮传》，中华书局，1975年，第5269页。

② 季羡林《大唐西域记校注》，中华书局，1985年，第352页。

③ （宋）王溥《唐会要》卷九五《新罗》，上海古籍出版社，第2028页。

④ 《三国史纪》卷八《新罗本纪》。

⑤ 东野治之《遣唐使と正仓院》，岩波书店，1992年，第141—160页。

敦煌纺织品编号缩略语说明

MAS：斯坦因英文名字 Marc Aurel Stein 首字母缩写，“MAS.”是大英博物馆藏斯坦因第二次中亚探险收集品的登记号。

L:S：维多利亚阿伯特博物馆从印度政府那里借来的斯坦因探险收集品的文物的编号为 LOAN:STEIN。本书中，我们将 LOAN:STEIN 系列的编号全部简化为“L:S.”。

Ch：代表 Ch’ien-fo-tung，印度新德里国立博物馆中斯坦因从敦煌千佛洞（莫高窟）第 17 窟收集来的藏品依旧沿用原始的斯坦因编号“Ch.”。

EO：法文远东 Extrême-Orient 的首字母缩写。在吉美博物馆建立之前，“EO.”为收藏在卢浮宫博物馆的远东艺术品的编号。

MG：法文吉美博物馆 Musée Guimet 的首字母缩写。吉美博物馆成立后，该馆新收集的艺术品以“MG.”进行编号。

Pelliot chinois 和 Pelliot tibétain：20 世纪开始，法国国家图书馆用 Pelliot chinois（伯希和中文）和 Pelliot tibétain（伯希和藏文）分别给伯希和敦煌藏品中的汉文和藏文文书编号。

Дх：俄文敦煌 Дуньхуана 的字母缩写，俄罗斯艾尔米塔什博物馆以“Дх.”对其收藏的鄂登堡考察团第二次西域考察收集品进行编号。

参考文献

一、著作

1. 中文著作

（汉）许慎撰，（清）段玉裁注《说文解字注》，上海古籍出版社，2006 年。

（晋）陈寿撰，裴松之注《三国志》，中华书局，1959 年。

（陈）徐陵编，（清）吴兆宜注、程琰删补、穆克宏点校《玉台新咏笺注》，中华书局，2004 年。

（唐）魏征等《隋书》，中华书局，1973 年。

（唐）姚汝能《安禄山事迹》，上海古籍出版社，1983 年。

（唐）慧琳《一切经音义》，上海古籍出版社，1986 年。

（唐）杜佑《通典》，中华书局，1988 年。

（唐）慧立、彦悰撰，孙毓棠、谢方点校《大慈恩寺三藏法师传》，中华书局，2000 年。

（唐）李吉甫《元和郡县图志》，中华书局，2005 年。

（五代）马缟《中华古今注》，中华书局，1980 年。

(后晋) 刘昫等《旧唐书》, 中华书局, 1975 年。

(宋) 王钦若等编《册府元龟》, 中华书局, 1960 年。

(宋) 欧阳修、宋祁等《新唐书》, 中华书局, 1975 年。

(宋) 欧阳修《新五代史》, 中华书局, 1974 年。

(宋) 李昉等编《文苑英华》, 中华书局, 1966 年。

(宋) 庄绰《鸡肋编》, 中华书局, 1983 年。

(宋) 李昉等编《太平广记》, 上海古籍出版社, 1990 年。

(宋) 王溥《唐会要》, 上海古籍出版社, 2006 年。

(宋) 宋敏求编《唐大诏令集》, 中华书局, 2008 年。

(元) 脱脱等《宋史》, 中华书局, 1977 年。

(明) 宋应星《天工开物》, 商务印书馆, 1933 年。

(清) 彭定求等《全唐诗》, 上海古籍出版社, 1986 年。

(清) 董浩等《全唐文》, 上海古籍出版社, 1990 年。

(清) 陆心源编《唐文拾遗》, 上海古籍出版社, 1990 年。

阿尔伯特·冯·勒科克、恩斯特·瓦尔德施密特《新疆佛教艺术》(上), 新疆教育出版社, 2006 年。

北京市文物局编《北京文物精粹大系: 织绣卷》, 北京出版社, 2001 年。

伯希和等著, 耿昇译《伯希和西域探险记》, 云南人民出版社, 2001 年。

常沙娜《中国敦煌历代服饰图案》, 中国轻工业出版社, 2001 年。

[日] 池田温著, 龚泽铣译《中国古代籍帐研究》, 中华书局, 2007 年。

逯钦立辑校《先秦汉魏晋南北朝诗》, 中华书局, 1983 年。

邓荃注《诗经·国风译注》, 宝文堂书店, 1986 年。

敦煌文物研究所编《中国石窟·敦煌莫高窟》, 文物出版社, 1999年。

敦煌研究院《敦煌遗书总目索引新编》, 中华书局, 2000 年。

俄罗斯国立艾尔米塔什博物馆《俄藏敦煌艺术》(I)，上海古籍出版社，2002 年。

范祥雍校注《洛阳伽蓝记校注》，上海古籍出版社，2006 年。

国家计量总局《中国古代度量衡图集》，文物出版社，1981 年。

汉语大词典编辑委员会编《汉语大词典》，世纪出版集团，1997 年。

郝春文《唐后期五代宋初敦煌僧尼的社会生活》，中国社会科学出版社，1998 年。

冀东山主编《神韵与辉煌：陕西历史博物馆国宝鉴赏》，三秦出版社，2006 年。

季羡林《大唐西域记校注》，中华书局，1985 年。

姜伯勤《敦煌吐鲁番文书与丝绸之路》，文物出版社，1994 年。

橘瑞超著，柳洪亮译《橘瑞超西行记》，新疆人民出版社，1998 年。

宁可、郝春文《敦煌社邑文书辑校》，江苏古籍出版社，1997 年。

彭金章、王建军《敦煌莫高窟北区石窟》第 1、2、3 卷，文物出版社，2000 年 7 月、2004 年 7 月。

荣新江《敦煌学十八讲》，北京大学出版社，2001 年。

沈从文《中国古代服饰研究》，上海书店出版社，1999 年。

谭蝉雪《敦煌婚姻文化》，甘肃人民出版社，1993 年。

谭蝉雪主编《敦煌石窟全集·服饰画卷》，香港商务印书馆，2005 年。

谭蝉雪主编《敦煌石窟全集·民俗画卷》，上海人民出版社，2001 年。

唐长孺主编《吐鲁番出土文书》第 1—4 册，文物出版社，1992—1996 年。

唐耕耦、陆宏基《敦煌社会经济文献真迹释录》，全国图书馆文献缩微复制中心，1990 年。

王进玉主编《敦煌石窟全集·科学技术卷》，香港商务印书馆，2001

年。

王抒《王抒与纺织考古》，艺纱堂，2001 年。

香港文化博物馆《走向盛唐：文化交流与融合》，康乐及文化事务署，2005 年。

谢稚柳《敦煌石室记》，1949 年。

新疆维吾尔自治区博物馆、出土文物展览工作组编《丝绸之路——汉唐织物》，文物出版社，1972 年。

徐俊《敦煌诗集残卷辑考》，中华书局，2000 年。

赵丰主编《敦煌丝绸艺术全集·法藏卷》，东华大学出版社，2010 年。

赵丰主编《敦煌丝绸艺术全集·英藏卷》，东华大学出版社，2007 年。

赵丰主编、王乐副主编《敦煌丝绸与丝绸之路》，中华书局，2009 年。

赵丰《辽代丝绸》，沐文堂，2004 年。

赵丰《唐代丝绸与丝绸之路》，三秦出版社，1992 年。

赵丰《织绣珍品》，艺纱堂，1999 年。

赵丰《中国丝绸通史》，苏州大学出版社，2005 年。

赵丰《中国丝绸艺术史》，文物出版社，2005 年。

郑炳林主编《敦煌归义军史专题研究续编》，兰州大学出版社，2003 年。

郑巨欣《中国传统纺织品印花研究》，中国美术学院出版社，2008 年。

中华大藏经编辑局编《中华大藏经》，中华书局，1984 年。

周天游主编《新城、房陵、永泰公主墓壁画》，文物出版社，2002 年。

周天游主编《章怀太子墓壁画》，文物出版社，2002 年。

周锡保《中国古代服饰史》，中国戏剧出版社，1984 年。

朱启钤辑《丝绣笔记》，广文书局，1970 年。

紫式部著，丰子恺译《源氏物语》，人民文学出版社，1980 年。

2. 外文著作

Aurel Stein, *Innermost Asia: Detailed Report of Explorations inCentral Asia, Afghanistan, Iran, Tibet and China*, Oxford: Clarendon Press, 1928.

Aurel Stein, *Serindia: Detailed Report of Explorations in Central Asia and Westernmost China*, Oxford:Clarendon Press,1921.

A.von Le Coq,*Chotscho:Facsimile-Wiedergaben der wichtigeren Funde der ersten Königlich Preussischen Expedition nach Turfan in Ost-Turkistan*, Berlin: Dietrich Reimer, 1913.

Fred Andrews,*Ancient Chinese Figured Silks,excavated by Sir Aurel Stein at ruined sites of central Asia*,Bernard Quaritch,Ltd, London,1920.

Fred H. Andrews,*Descriptive Catalogue of Antiquities Recovered by Sir Aurel Stein During His Explorations in Central Asia,Kansu and Eastern Iran*,Delhi:Manager of Publications,1935.

Jacques Giès,*Les arts de L'Asie Centrale:la collection Paul Pelliot du Musée National des Arts Asiatiques-Guimet*,II,Paris Réunion des Musées Nationaux,1996.

Jacques Giès,Laure Feugère and Andre Coutin,*Painted Buddhas of Xinjiang:Hidden Treasures from the Silk Road*,British Museum Press,2002.

Krishna Riboud and Gabriel Vial,*Tissus de Touen-houang conservés au Musée Guimet et la Bibliothèque Nationale*,Paris:Adrien-Maisonneuve, 1970.

Medinova,G.,*Early medieval textiles from central Asia (in Russian)*,

Dushanbe, Donish Publishing House, 1996.

Roderick Whitfield, *The Art of Central Asia: the Stein Collection in the British Museum*, Kodansha International in cooperation with the Trustees of the British Museum, 1982-1984.

Roderick Whitfield and Anne Farrer, *Caves of the Thousand Buddhas: Chinese Art from the Silk Route*, British Museum Publications, 1990.

Susan Whitfield, Ursula Sims-Williams, *The Silk Road: Trade, Travel, War and Faith*, London: British Library, 2004.

东野治之《遣唐使と正仓院》，岩波书店，1992年。

贾立基、秋山光和《西域美术——吉美博物馆藏伯希和收集品》，讲谈社，1994年。

山辺知行《シルクロードの染織——スタイン·コレクションニューデリー国立博物館藏》，紫紅社，1979年。

松本包夫《正仓院裂と飞鸟天平の染织》，紫紅社，1984年。

中国新疆维吾尔自治区博物馆、日本奈良丝绸之路学研究中心《吐鲁番地域与出土绢织物》，2000年。

二、论文

1. 中文论文

敦煌文物研究所《新发现的北魏刺绣》，《文物》1972年第2期，第54—60页。

敦煌文物研究所考古组《莫高窟发现的唐代丝织物及其它》，《文物》1972年第12期，第55—67页。

韩伟《法门寺地宫唐代随真身衣物帐考》，《文物》1991年第5期，第27—37页。

姜亮夫《瓜州曹氏年表补正》，《杭州大学学报》1979年第1—2期，第86—105页。

劳合·福奇兀著，杨汉璋译《伯希和在敦煌收集的文物》，《敦煌研究》1990年第4期，第38—46页。

梁成秀《藏文典籍装帧与命名特点初探》，《西藏民族学院学报》(哲学社会科学版) 2003年第6期，第29—31页。

刘进宝《从敦煌文书看唐五代佛教寺院的“唱衣”》，《南京师大学报》（社会科学版）2007年7月第4期，第53—59页。

刘进宝《唐五代敦煌棉花种植研究——兼论棉花从西域传入内地的问题》，《历史研究》2004年第6期，第27—40页。

柳洪亮《高昌石窟概述》，《中国新疆壁画全集》六《吐峪沟 柏孜克里克》，辽宁美术出版社，1995年，第1—22页。

彭金章、沙武田《敦煌莫高窟北区洞窟清理发掘简报》，《文物》1998年第10期，第4—21页。

荣新江《于阗王国与瓜沙曹氏》，《敦煌研究》1994年第2期，第111—119页。

沙比提《从考古发掘资料看新疆古代的棉花种植和纺织》，《文物》1973年第10期，第48—51页。

山西省考古研究所、太原市文物考古研究所《太原北齐徐显秀墓发掘简报》，《文物》2003年第10期，第4—40页。

尚刚《撒答剌欺在中国》，中国丝绸博物馆《丝国之路——5000年中国丝绸精品展》，2007年，第26—27页。

盛余韵《纺织艺术、技术与佛教积福》，《寺院财富与世俗供养》，上海书画出版社，2003年，第64—80页。

宋家钰《S.5632：敦煌贷绢契与量绢尺》，《英国收藏敦煌汉藏文献研究：纪念敦煌文献发现一百周年》，中国社会科学出版社，2000年，第166—169页。

谭蝉雪《唐宋敦煌岁时佛俗——二月至七月》，《敦煌研究》2001年第1期，第93—104页。

汪海岚、白海伦、吴芳思《伦敦收藏的敦煌丝绸》，《敦煌丝绸艺术全集·英藏卷》，东华大学出版社，2007年，第12—21页。

王炳华《吐鲁番出土唐代庸调布研究》，《文物》1981年第1期，第56—62页。

王惠民《中唐以后敦煌地藏图像考察》，《敦煌研究》2007年第1期，第24—33页。

王进玉《敦煌遗书中的丝织物》，《丝绸史研究》1987年第1—2期合刊，第19—27页。

王进玉《国宝寻踪——敦煌藏经洞绢画的流失、收藏与研究》，《文物世界》2000年第5期，第41—52页。

王进玉、赵丰《敦煌文物中的纺织技艺》，《敦煌研究》1989年第4期，第99—105页。

王乐、赵丰《从敦煌发现的刺绣看唐代刺绣的种类及其变化》，《丝绸》2012年第9期，第60—65页。

王乐、赵丰《新疆出土汉唐时期的绮织物》，《大漠联珠》，东华大学出版社，2007年，第130—136页。

武敏《吐鲁番出土丝织物中的唐代印染》，《文物》1973年第10期，第37—47页。

新疆文物考古研究所《阿斯塔那古墓群第十次发掘简报》，《新疆文物》2000年第3—4期，第84—167页。

徐国华《我国古代织花技术的发展——从织机原理探索我国古代织花技术的发展之三》，《丝绸史研究》1986年第2期，第14—23页。

扬之水《“者舌”及其相关之考证——敦煌文书什物历器丛考之一》，《丝绸之路：艺术与生活》，艺纱堂，2007年，第135—142页。

张广达、荣新江《关于唐末宋初于阗国的国号、年号及其王家世系问题》，《敦煌吐鲁番文献研究论集》（增订本），中国人民大学出版社，2008年，第15—37页。

赵丰《隋唐丝绸上的团窠图案》，《故宫文物月刊（台北）》，1996年7月号。

赵丰《雁衔绶带锦袍研究》，《文物》2002年第4期，第73—80页。

赵丰、王乐《敦煌的胡锦与番锦》，《敦煌研究》2009年第4期，第38—46页。

赵丰、王乐等《和田布扎克彩棺墓出土的织物与服饰》，《大漠联珠》，东华大学出版社，2007年，第93—94页。

郑炳林《晚唐五代敦煌贸易市场的等价物》，《中国史研究》2002年第3期，第87—96页。

郑炳林《晚唐五代敦煌地区种植棉花研究》，《中国史研究》1999年第3期，第83—95页。

郑炳林《晚唐五代敦煌种植棉花辨析——兼答刘进宝先生》，《历史研究》2005年第5期，第174—178页。

郑炳林、魏迎春《晚唐五代敦煌佛教教团的戒律和清规》，《敦煌学辑刊》2004年第2期，第26—40页。

2. 外文论文

Dorothy G. Shepherd and W. B. Henning, *Zandanījī Identified? Aus der Welt der islamischen Kunst.* Festscherift Ernst Kuhnel, Berlin, 1959, pp.15-40.

Nicholas Sims-Williams and Geoffrey Khan, *Zandanījī Misidentified*, Bulletin of the Asia Institute (Volume 22), pp.207-214.

Yasuhiko Ogawa, *A Study of the Silk Braids on Stein Chinese Scrolls*, IDP News, No.27, 2006, pp.6-7.

Zhao Feng, *Three textiles from Turfan,* Orientations, Hong Kong, Feb 2003, pp.25–31.

吉田豊《コータン出土 8–9 世紀のコータン語世俗文書に關する覺え書き》［神戸市外國語大學研究叢書第 38 冊（2005）］, 神戸市外國語大學外國學研究所, 2006 年, 第 35—36 页。

后 记

2009年初夏，我在九华山庄参加敦煌学会理事会议期间，柴剑虹和荣新江先生邀我撰写《敦煌讲座》书系之《敦煌丝绸》。彼时我和王乐已经对敦煌丝绸进行了一段时间的研究，也取得了相应的成果，故欣然应允。

这里所谓的成果，不仅是我们和国内外的敦煌丝绸收藏机构合作的多卷本《敦煌丝绸艺术全集》，更为重要的是东华大学和敦煌研究院合作完成的国家社科基金项目——“敦煌丝绸与丝绸之路——历史、技术和艺术的综合研究”。承担这个项目的主要研究人员，不仅是我和王乐，而且还包括敦煌研究院的王建军、中国丝绸博物馆的徐铮、东华大学的包铭新教授以及当时在东华大学就读的博士生沈雁和李甍。大家共同的工作成果，成为本套《敦煌讲座》之《敦煌丝绸》的重要基础，所以，我在这里首先要感谢参与该项目的各位同事。

当然，我们在敦煌丝绸研究中取得的点滴成绩，都离不开在我们研究敦煌丝绸整个过程中的各合作方和各合作者。只有在众多前辈学者的指导帮助下，在各敦煌丝绸收藏单位的支持配合下，我们的研究才能得以顺利进行。在此，我们首先要感谢中国敦煌学界的各位前辈学人，其中包括季羡林、冯其庸、常沙娜、樊锦诗、柴剑虹、郝春文、郑炳林、彭金章、荣新江、张涌泉、赵声良、府宪展等国内著名的专家和学者。其次，我们要感谢提供大量支持的各相关收藏和研究机构，包括大英博物馆、维多利亚阿伯特博物馆、英国国家图书馆、巴黎吉美博物馆、法国国家图书馆、俄罗斯艾尔米塔什博物馆、俄罗斯科学院东方文献研究所、印度新德里国立博物馆、中国国家图书馆以及敦煌研究院、旅顺博物馆。再次，我们要感谢在整个研究过程中给予过各种帮助的个人：Carol Michaelson, Helen Wang, Helen Persson, Frances Wood, Roderick Whitfield, Susan Whitfield, Jacques Giès, Laure Feugère, Claire Lefévre Beugnot, Nathalie Monnet, Arnaud Bertrand, Maria Menshikova, Maria Ptchelina Rudova, Irina Fedorovna Popova, B.K. Sahay、郭富纯、王振芬、罗华庆、王建军、何明阳、徐明稚、李柯玲、包铭新以及我们周围的同事和学生：徐铮、王淑娟、沈雁、李甍、邝杨华、鲁佳亮、杨汝林、顾春华、刘柯艳、冯荟和万芳等。